本书受教育部人文社科基金一般项目"西南少数民族宗教生态保护案例的文献收集、整理与研究"（18YJC730003）资助。

·马克思主义研究文库·

马克思主义经典作家
关于共同体的论述摘编及导读

李海林　余效慧　王　刚｜编著

光明日报出版社

图书在版编目（CIP）数据

马克思主义经典作家关于共同体的论述摘编及导读 /
李海林，余效慧，王刚编著 . -- 北京：光明日报出版社，
2024. 10. -- ISBN 978 - 7 - 5194 - 7808 - 7

Ⅰ . A811. 64

中国国家版本馆 CIP 数据核字第 2024P7F159 号

马克思主义经典作家关于共同体的论述摘编及导读
MAKESI ZHUYI JINGDIAN ZUOJIA GUANYU GONGTONGTI DE
LUNSHU ZHAIBIAN JI DAODU

编　　著：李海林　余效慧　王　刚	
责任编辑：李壬杰	责任校对：李　倩　乔宇佳
封面设计：中联华文	责任印制：曹　净

出版发行：光明日报出版社

地　　址：北京市西城区永安路 106 号，100050

电　　话：010-63169890（咨询），010-63131930（邮购）

传　　真：010-63131930

网　　址：http：// book. gmw. cn

E - mail：gmrbcbs@ gmw. cn

法律顾问：北京市兰台律师事务所龚柳方律师

印　　刷：三河市华东印刷有限公司

装　　订：三河市华东印刷有限公司

本书如有破损、缺页、装订错误，请与本社联系调换，电话：010-63131930

开　　本：170mm×240mm

字　　数：154 千字　　　　　印　　张：15.5

版　　次：2025 年 6 月第 1 版　　印　　次：2025 年 6 月第 1 次印刷

书　　号：ISBN 978 - 7 - 5194 - 7808 - 7

定　　价：95.00 元

前　言

　　铸牢中华民族共同体意识是新时代党的民族工作和民族地区各项工作的主线。铸牢中华民族共同体意识是习近平新时代中国特色社会主义思想的重要组成部分，源自马克思主义共同体思想和民族融合理念，体现了习近平新时代中国特色社会主义思想的世界观和方法论，开辟了马克思主义民族理论中国化时代化新境界。对马克思主义经典作家关于共同体论述的系统梳理，有利于对马克思主义民族观的再认识，也有利于完整准确理解马克思主义民族理论和马克思主义共同体理论。

　　本书以铸牢中华民族共同体意识为主线，系统整理摘录马克思主义经典作家关于共同体的论述。"共同体"广泛运用于哲学、政治学、民族学、经济学、社会学等学科，使用非常普遍，但定义又不是十分明确。"共同体"，希腊语为 koinonia，具有通过群体生活追求公共善的意蕴；德文 gemeinshaft、gesellschaft 和英文的 community、society 等词具有集体、团体、联盟以及结合、联合、联系等含义，皆可译为"共同体"。在马克思恩格斯著作中，跟"共同体"相关的词主要有 gesell-schaft、gemeinwesen、gemeinde 和 community 等词，例如，马克思《亨利·萨姆纳·梅恩〈古代法制史讲演录〉一书摘要》认为 gemeinwesen 和 communtiy 皆可为"共同体"；再如恩格斯《给奥·倍倍尔的信》认为"共同体"和古德文 gemeinwesen 语义十分接近。此外，"联合"或"联合体"，多译自 assozia-tion、community，用来描述社会中个体有机结合、自由联合而成的社会形态，它强调个体之间的有机统一或联合，与"共同体"词义十分接近。在《德意志意识形态》中，马克思、恩格斯在论及共产主义社会就频繁使用"共同体"并且将其与"联合""联合体"并用。在《马克思恩格斯文集》的"书名索引"中将"联合体""共同体"并列，如"社会和联合体（共同体）""共产主义的联合体（共同体）"等。基于此，本书系统摘录《马克思恩格斯全集》《马克思恩格斯文集》《列宁全集》《斯大林全集》含"共同体""联合体"相关论述，共摘编近400条，分为"马克思、恩格斯关于共同体的论述摘编及导读""列宁、斯大林关于共同体的论述摘编及导读"两个部分。

　　对马克思主义经典作家有关共同体论述的摘录，本书主要坚持以下四条原则：第一，价值性原则。本书以铸牢中华民族共同体意识为主线，梳理选编对铸牢中华民族共同体意识具有一定价值的论述。需要指出的是，对于马克思主义经典作家共同体的相关论述，不能不顾历史条件和现实情况变化，拘泥于特定历史条件下、针对具体情况做出的某些个别论断和具体行动纲领，要用"两个结合"给予深刻把握，充分展现其理论价值和实践价值。第二，准确性原则。确保选编内容的"精确度"，一是确保文献出处的精确度，当读者对选编内容有疑惑，可沿波讨源找到经典出处；二是立场观点的准确性，经典作家常常引用他人的观点，确保选编内容能让读者区分马克思主义经典作家和被引用者的立场观点。第三，完整性原则。对经典作家关于共同体的论述，避免断章取义，选材尽量具有完整性，能让读者在一个相对完整的语境下来理解共同体论述。第四，典型性原则。正如前面所述，"共同体"涉及诸多内容、翻译等问题，什么内容可以作为本书摘编的对象，成为本书一个十分棘手的问题。比如马克思、恩格斯使用的术语"stamn"译为"部落"，"渊源于共同祖先的人们的共同体"，此外还有像民族、宗教，等等，皆为共同体的形式之一，也可作为共同体的论述加以摘编，但也容易造成"眉毛胡子一把抓"，缺乏集中性、典型性。因此，本书以"共同体""联合体"为线索，摘编这两个关键字相关论述，与此同时，跟共同体相关的术语如"民族""宗教""氏族""部落""交往""联合"等，只有和"共同体""联合体"结合论述时才加以摘编，以便更好理解"共同体""联合体"的内涵、形态和发展脉络，也同时展现其典型性和代表性。

编者

2024 年 6 月

目 录
CONTENTS

一、马克思、恩格斯关于共同体的论述 导读及摘编

《论犹太人问题》

【综合导读】

马克思于 1843 年创作的政治论文,首次发表于《德法年鉴》,马克思论述了资产阶级政治革命的本质特征,揭示了资产阶级民主、自由和人权的历史局限性和虚伪性。该文关于共同体论述十分丰富,主要论述了国家、市民社会和共同体三者之间关系、共同体与政治解放和人类解放的关系等问题。该文认为,共同体是人们以一定的纽带所联系起来的人群利益集合体。没有共同体,人就不能成为其人。因此,个体与共同体之间存在着密不可分的关系。政治解放虽然在一定程度上实现了个体的自由,但这种自由仍然是有限的,因为它并未能真正解决个体与共同体之间的矛盾。而人类解放则致力于消除这种矛

盾，实现个体与共同体之间的和谐统一。该文对于从共同体视角理解马克思主义关于社会结构和人类解放的理论具有重要意义。

【论述摘编】

完成了的政治国家，按其本质来说，是人的同自己物质生活相对立的类生活。这种利己生活的一切前提继续存在于国家范围以外，存在于市民社会之中，然而是作为市民社会的特性存在的。在政治国家真正形成的地方，人不仅在思想中，在意识中，而且在现实中，在生活中，都过着双重的生活——天国的生活和尘世的生活。前一种是政治共同体中的生活，在这个共同体中，人把自己看作社会存在物；后一种是市民社会中的生活，在这个社会中，人作为私人进行活动，把他人看作工具，把自己也降为工具，并成为异己力量的玩物。政治国家对市民社会的关系，正像天国对尘世的关系一样，也是唯灵论的。政治国家与市民社会也处于同样的对立之中，它用以克服后者的方式也同宗教克服尘世局限性的方式相同，即它同样不得不重新承认市民社会，恢复市民社会，服从市民社会的统治。人在其最直接的现实中，在市民社会中，是尘世存在物。在这里，即在人把自己并把别人看作是现实的个人的地方，人是一种不真实的现象。相反，在国家中，即在人被看作是类存在物的地方，人是想象的主权中虚构的成员；在这里，他被剥夺了自己现实的个人生活，却充满了非现实的普遍性。①

　　人作为特殊宗教的信徒，同自己的公民身份，同作为共同体成员的他人所发生的冲突，归结为政治国家和市民社会之间的世俗分裂。对于作为 bourgeois［市民社会的成员］的人来说，"在国家中的生活只是一种外观，或者是违反本质和通则的一种暂时的例外"。的确，bourgeois，像犹太人一样，只是按照诡辩始终存在于国家生活中，正像 citoyen［公民］只是按照诡辩始终是犹太人或 bourgeois 一样。可是，这种诡辩不是个人性质的，它是政治国家本身的诡辩。宗教信徒和公民之间的差别，是商人和公民、短工和公民、土地占有者和公民、活生生的个人和公民之间的差别。宗教信徒和政治人之间的矛盾，是 bourgeois 和 citoyen 之间、是市民社会的成员和他的政治狮皮之间的同样的矛盾。②

　　人把宗教从公法领域驱逐到私法领域中去，这样人就在政治上从宗教中解放出来。宗教不再是国家的精神；因为在国家中，人——虽然是以有限的方式，以特殊的形式，在特殊的领域内——是作为类存在物和他人共同行动的；宗教成了市民社会的、利己主义领域的、一切人反对一切人的战争的精神。它

---

① 中共中央马克思恩格斯列宁斯大林著作编译局．马克思恩格斯文集：第 1 卷［M］．北京：人民出版社，2009：30-31．
② 中共中央马克思恩格斯列宁斯大林著作编译局．马克思恩格斯文集：第 1 卷［M］．北京：人民出版社，2009：31．

已经不再是共同性的本质，而是差别的本质。它成了人同自己的共同体、同自身并同他人分离的表现——它最初就是这样的。它只不过是特殊的颠倒、私人的奇想和任意行为的抽象教义。①

宗教在北美的不断分裂，使宗教在表面上具有纯粹个人事务的形式。它被推到许多私人利益中去，并且被逐出作为共同体的共同体。但是，我们不要对政治解放的限度产生错觉。人分为公人和私人，宗教从国家向市民社会的转移，这不是政治解放的一个阶段，这是它的完成。②

依照鲍威尔的见解，人为了能够获得普遍人权，就必须牺牲"信仰的特权"。我们现在就来看看所谓人权，确切地说，看看人权的真实形式，即它们的发现者北美人和法国人所享有的人权的形式吧！这种人权一部分是政治权利，只是与别人共同行使的权利。这种权利的内容就是参加共同体，确切地说，就是参加政治共同体，参加国家。这些权利属于政治自由的范畴，属于公民权利的范畴，而公民权利，如上所述，决不以毫无异议地和实际地废除宗教为前提，因此也不以废除犹太教为前提。另一部分人权，即与 droits du citoyen［公民权］不同的

①　中共中央马克思恩格斯列宁斯大林著作编译局. 马克思恩格斯文集：第 1 卷［M］. 北京：人民出版社，2009：32.
②　中共中央马克思恩格斯列宁斯大林著作编译局. 马克思恩格斯文集：第 1 卷［M］. 北京：人民出版社，2009：32.

droits de l'homme［人权］，有待研究。①

首先，我们表明这样一个事实，所谓的人权，不同于 droits du citoyen［公民权］的 droits de l'homme［人权］，无非是市民社会的成员的权利，就是说，无非是利己的人的权利、同其他人并同共同体分离开来的人的权利。②

可见，任何一种所谓的人权都没有超出利己的人，没有超出作为市民社会成员的人，即没有超出封闭于自身、封闭于自己的私人利益和自己的私人任意行为、脱离共同体的个体。在这些权利中，人绝对不是类存在物，相反，类生活本身，即社会，显现为诸个体的外部框架，显现为他们原有的独立性的限制。把他们连接起来的唯一纽带是自然的必然性，是需要和私人利益，是对他们的财产和他们的利己的人身的保护。③

令人困惑不解的是，一个刚刚开始解放自己、扫除自己各种成员之间的一切障碍、建立政治共同体的民族，竟郑重宣布同他人以及同共同体分隔开来的利己的人是有权利的（1791

① 中共中央马克思恩格斯列宁斯大林著作编译局．马克思恩格斯文集：第 1 卷［M］．北京：人民出版社，2009：39.

② 中共中央马克思恩格斯列宁斯大林著作编译局．马克思恩格斯文集：第 1 卷［M］．北京：人民出版社，2009：40.

③ 中共中央马克思恩格斯列宁斯大林著作编译局．马克思恩格斯文集：第 1 卷［M］．北京：人民出版社，2009：42.

年《宣言》）。后来，当只有最英勇的献身精神才能拯救民族、因而迫切需要这种献身精神的时候，当牺牲市民社会的一切利益必将提上议事日程、利己主义必将作为一种罪行受到惩罚的时候，又再一次这样明白宣告（1793 年《人权……宣言》）。尤其令人困惑不解的是这样一个事实：正如我们看到的，公民身份、政治共同体甚至都被那些谋求政治解放的人贬低为维护这些所谓人权的一种手段，因此，citoyen〔公民〕被宣布为利己的 homme〔人〕的奴仆；人作为社会存在物所处的领域被降到人作为单个存在物所处的领域之下；最后，不是身为 citoyen〔公民〕的人，而是身为 bourgeois〔市民社会的成员〕的人，被视为本来意义上的人，真正的人。①

政治解放同时也是同人民相异化的国家制度即统治者的权力所依据的旧社会的解体。政治革命是市民社会的革命。旧社会的性质是怎样的呢？可以用一个词来表述：封建主义。旧的市民社会直接具有政治性质，就是说，市民生活的要素，例如，财产、家庭、劳动方式，已经以领主权、等级和同业公会的形式上升为国家生活的要素。它们以这种形式规定了单一的个体对国家整体的关系，就是说，规定了他的政治关系，即他同社会其他组成部分相分离和相排斥的关系。因为人民生活的这种组织没有把财产或劳动上升为社会要素，相反，却完成了

---

① 中共中央马克思恩格斯列宁斯大林著作编译局. 马克思恩格斯文集：第 1 卷 [M]. 北京：人民出版社，2009：42-43.

它们同国家整体的分离，把它们建成为社会中的特殊社会。因此，市民社会的生活机能和生活条件还是政治的，虽然是封建意义上的政治，就是说，这些机能和条件使个体同国家整体分隔开来，把他的同业公会对国家整体的特殊关系变成他自己对人民生活的普遍关系，使他的特定的市民活动和地位变成他的普遍的活动和地位。国家统一体，作为这种组织的结果，也像国家统一体的意识、意志和活动即普遍国家权力一样，必然表现为一个同人民相脱离的统治者及其仆从的特殊事务。[①]

政治革命打倒了这种统治者的权力，把国家事务提升为人民事务，把政治国家组成为普遍事务，就是说，组成为现实的国家，这种革命必然要摧毁一切等级、同业公会、行帮和特权，因为这些是人民同自己的共同体相分离的众多表现。于是，政治革命消灭了市民社会的政治性质。[②]

它把似乎是被分散、分解、溶化在封建社会各个死巷里的政治精神激发出来，把政治精神从这种分散状态中汇集起来，把它从与市民生活相混合的状态中解放出来，并把它构成为共同体、人民的普遍事务的领域，在观念上不依赖于市民社会的上述特殊要素。特定的生活活动和特定的生活地位降低到只具

---

① 中共中央马克思恩格斯列宁斯大林著作编译局. 马克思恩格斯文集：第 1 卷 [M]. 北京：人民出版社，2009：44.
② 中共中央马克思恩格斯列宁斯大林著作编译局. 马克思恩格斯文集：第 1 卷 [M]. 北京：人民出版社，2009：44.

有个体意义。它们已经不再构成个体对国家整体的普遍关系。公共事务本身反而成了每个个体的普遍事务，政治职能成了他的普遍职能。①

《国民经济学批判大纲》

【综合导读】

为了揭露资产阶级政治经济学的辩护性和论证共产主义的必然性，恩格斯于 1843 年年底到 1844 年 1 月间撰写该书。该书提及"统一体"，英文为 unity，与"联合体"词义十分接近，但统一体更侧重于描述和分析某一整体或系统的内在结构和功能，共同体则更关注人的社会属性、社会关系。

【论述摘编】

如果我们撇开私有制，那么所有这些反常的分裂就不会存在。利息和利润的差别也会消失；资本如果没有劳动、没有运动就是虚无。利润把自己的意义归结为资本在决定生产费用时置于天平上的砝码，它仍是资本所固有的部分，正如资本本身

---

① 中共中央马克思恩格斯列宁斯大林著作编译局 . 马克思恩格斯文集：第 1 卷 [M]. 北京：人民出版社，2009：45.

将回到它与劳动的最初统一体一样。①

《1844 年经济学哲学手稿》

【综合导读】

该书为马克思的一部未完成的经济学哲学著作，手稿写于1844 年 4 月至 8 月。该书关于共同体的思想十分丰富，虽然尚未明确提出"共同体"的三种形态划分，但已蕴含了后来"自然的共同体""虚幻的共同体"和"真正的共同体"的初步思想，比如对前资本主义社会的家庭、氏族、部落等自然的共同体描述，又如对劳动异化问题的探讨，从而蕴含虚幻的共同体思想。该书提出了异化劳动的四个方面，包括物的异化、人的自我异化、类的异化和社会关系的异化。这些异化现象反映了资本主义社会中共同体关系的扭曲和破坏，这为后来讨论"虚幻的共同体"埋下了伏笔。总之，该书虽然没有直接提出共同体的几种形态，但通过对人的本质、异化劳动和共产主义概念的探讨，揭示了共同体在人类社会中的重要性以及资本主义社会中共同体关系的扭曲和破坏，也提出了通过实现共产主义来重建共同体关系的可能途径。

---

① 中共中央马克思恩格斯列宁斯大林著作编译局. 马克思恩格斯文集：第 1 卷[M]. 北京：人民出版社，2009：71.

【论述摘编】

在它的最初的形态中不过是私有财产关系的普遍化和完成。而作为这种关系的普遍化和完成，共产主义是以双重的形态表现出来的：首先，实物财产的统治在这种共产主义面前显得如此强大，以致它想把不能被所有的人作为私有财产占有的一切都消灭；它想用强制的方法把才能等抛弃。在这种共产主义看来，物质的直接的占有是生活和存在的唯一目的；工人这个规定并没有被取消，而是被推广到一切人身上；私有财产关系仍然是共同体同物的世界的关系。①

正像妇女从婚姻转向普遍卖淫一样，财富——也就是人的对象性的本质——的整个世界，也从它同私有者的排他性的婚姻的关系转向它同共同体的普遍卖淫关系。这种共产主义——由于它到处否定人的个性——只不过是私有财产的彻底表现，私有财产就是这种否定。普遍的和作为权力而形成的忌妒，是贪欲所采取的并且只是用另一种方式使自己得到满足的隐蔽形式。任何私有财产本身所产生的思想，至少对于比自己更富足的私有财产都含有忌妒和平均主义欲望，这种忌妒和平均主义欲望甚至构成竞争的本质。粗陋的共产主义者不过是充分体现

① 中共中央马克思恩格斯列宁斯大林著作编译局．马克思恩格斯文集：第 1 卷 [M]．北京：人民出版社，2009：183.

了这种忌妒和这种从想象的最低限度出发的平均主义。他具有一个特定的、有限制的尺度。对整个文化和文明的世界的抽象否定，向贫穷的、需求不高的人——他不仅没有超越私有财产的水平，甚至从来没有达到私有财产的水平——的非自然的[IV] 简单状态的倒退，恰恰证明对私有财产的这种扬弃决不是真正的占有。①

共同性只是劳动的共同性以及由共同的资本——作为普遍的资本家的共同体——所支付的工资的平等的共同性。相互关系的两个方面被提高到想象的普遍性：劳动是为每个人设定的天职，而资本是共同体的公认的普遍性和力量。②

由此可见，对私有财产的最初的积极的扬弃，即粗陋的共产主义，不过是私有财产的卑鄙性的一种表现形式，这种私有财产力图把自己设定为积极的共同体。③

我的普遍意识不过是以现实共同体、社会存在物为生动形态的那个东西的理论形态，而在今天，普遍意识是现实生活的

① 中共中央马克思恩格斯列宁斯大林著作编译局.马克思恩格斯文集：第1卷[M].北京：人民出版社，2009：183-184.
② 中共中央马克思恩格斯列宁斯大林著作编译局.马克思恩格斯文集：第1卷[M].北京：人民出版社，2009：184.
③ 中共中央马克思恩格斯列宁斯大林著作编译局.马克思恩格斯文集：第1卷[M].北京：人民出版社，2009：185.

抽象，并且作为这样的抽象是与现实生活相敌对的。因此，我的普遍意识的活动——作为一种活动——也是我作为社会存在物的理论存在。

首先应当避免重新把"社会"当作抽象的东西同个体对立起来。个体是社会存在物。因此，他的生命表现，即使不采取共同的、同他人一起完成的生命表现这种直接形式，也是社会生活的表现和确证。人的个体生活和类生活不是各不相同的，尽管个体生活的存在方式是——必然是——类生活的较为特殊的或者较为普遍的方式，而类生活是较为特殊的或者较为普遍的个体生活。

作为类意识，人确证自己的现实的社会生活，并且只是在思维中复现自己的现实存在；反之，类存在则在类意识中确证自己，并且在自己的普遍性中作为思维着的存在物自为地存在着。①

作为手段出现的货币在什么程度上成为真正的力量和唯一的目的，那使我成为本质并使我占有异己的对象性本质的手段在什么程度上成为目的本身……可以从下面一点看出来：地产（在土地是生活的源泉的地方）以及马和剑（在它们是真正的生存手段的地方）也都被承认为真正的政治的生命力。在中世纪，一个等级，只要它能佩剑，就成为自由的了。在游牧民族

---

① 中共中央马克思恩格斯列宁斯大林著作编译局. 马克思恩格斯文集：第 1 卷 [M]. 北京：人民出版社，2009：188.

那里，有马就使人成为自由的人，成为共同体的参加者。①

当共产主义的手工业者联合起来的时候，他们首先把学说、宣传等视为目的。但是同时，他们也因此而产生一种新的需要，即交往的需要，而作为手段出现的东西则成了目的。当法国社会主义工人联合起来的时候，人们就可以看出，这一实践运动取得了何等光辉的成果。吸烟、饮酒、吃饭等等在那里已经不再是联合的手段，不再是联系的手段。交往、联合以及仍然以交往为目的的叙谈，对他们来说是充分的；人与人之间的兄弟情谊在他们那里不是空话，而是真情，并且他们那由于劳动而变得坚实的形象向我们放射出人类崇高精神之光。②

在工业等等中，同不动的地产对立，表现出的只是工业产生的方式以及工业在其中得到发展的那个同农业的对立。这种差别只要在下述情况下就作为特殊种类的劳动，作为包括全部生活的一个本质的、重要的差别而存在：工业（城市生活）同地产（封建的贵族生活）对立而形成，并且本身通过垄断、行会、同业公会和社团等形式还带有自己对立物的封建性质；而在这些形式的规定内，劳动还具有表面上的社会意义，实际的

---

① 中共中央马克思恩格斯列宁斯大林著作编译局 . 马克思恩格斯文集：第 1 卷 [M]. 北京：人民出版社，2009：232-233.

② 中共中央马克思恩格斯列宁斯大林著作编译局 . 马克思恩格斯文集：第 1 卷 [M]. 北京：人民出版社，2009：232.

共同体的意义，还没有达到对自己的内容漠不关心以及完全单独存在的地步，也就是说，还没有从其他一切存在中抽象出来，从而也还没有成为获得行动自由的资本。①

这种关系还表明，人具有的需要在何种程度上成了人的需要，也就是说，别人作为人在何种程度上对他说来成了需要，他作为个人的存在在何种程度上同时又是社会存在物。

由此可见，对私有财产的最初的积极的扬弃，即粗陋的共产主义，不过是想把自己作为积极的共同体确定下来的私有财产的卑鄙性的一种表现形式。②

社会的活动和社会的享受决不仅仅存在于直接共同的活动和直接共同的享受这种形式中，虽然共同的活动和共同的享受，即直接通过同别人的实际交往表现出来和得到确证的那种活动和享受，在社会性的上述直接表现以这种活动的内容的本质为根据并且符合这种享受的本性的地方都会出现。③

当物按人的方式同人发生关系时，我才能在实践上按人的

①　中共中央马克思恩格斯列宁斯大林著作编译局．马克思恩格斯全集：第42卷［M］．北京：人民出版社，1979：107.

②　中共中央马克思恩格斯列宁斯大林著作编译局．马克思恩格斯全集：第42卷［M］．北京：人民出版社，1979：119.

③　中共中央马克思恩格斯列宁斯大林著作编译局．马克思恩格斯文集：第1卷［M］．北京：人民出版社，2009：187-188.

方式同物发生关系。因此，需要和享受失去了自己的利己主义性质，而自然界失去了自己的纯粹的有用性，因为效用成了人的效用。

同样，别人的感觉和精神也为我自己所占有。因此，除了这些直接的器官以外，还以社会的形式形成社会的器官。例如，同他人直接交往的活动等，成为我的生命表现的器官和对人的生命的一种占有方式。

不言而喻，人的眼睛与野性的、非人的眼睛得到的享受不同，人的耳朵与野性的耳朵得到的享受不同，如此等等。

我们知道，只有当对象对人来说成为人的对象或者说成为对象性的人的时候，人才不致在自己的对象中丧失自身。只有当对象对人来说成为社会的对象，人本身对自己来说成为社会的存在物，而社会在这个对象中对人来说成为本质的时候，这种情况才是可能的。[①]

连野蛮人、动物都还有猎捕、运动等的需要，有和同类交往的需要。机器、劳动的简单化，被利用来把正在成长的人、完全没有发育成熟的人——儿童——变成工人，而工人则变成了无人照管的儿童。机器迁就人的软弱性，以便把软弱的人变成机器。[②]

[①]　中共中央马克思恩格斯列宁斯大林著作编译局 . 马克思恩格斯文集：第 1 卷 [M]. 北京：人民出版社，2009：190.

[②]　中共中央马克思恩格斯列宁斯大林著作编译局 . 马克思恩格斯文集：第 1 卷 [M]. 北京：人民出版社，2009：225-226.

《英国工人阶级状况》

【综合导读】

该书为恩格斯青年时期的一部重要著作，出版于 1845 年，著作中恩格斯对资本主义社会的经济现象、政治制度和阶级关系进行了全面剖析，描述了英国工人阶级的悲惨生活状况。著作不仅体现了恩格斯青年时期的重要思想状况，也涉及民族性格、民族交往等与共同体相关的内容。

【论述摘编】

此外，爱尔兰移民在这方面所起的促进作用，还由于他们把爱尔兰人的热情和生气勃勃的气质带到了英格兰并灌输给英国工人阶级。爱尔兰人和英格兰人之间的差别，在许多地方很像法国人和德国人之间的差别。爱尔兰人的开朗乐观、容易激动、热情奔放的气质和英格兰人的沉着、坚毅、富于理智的气质相融合，归根到底，对两方面都只会有好处。假如没有爱尔兰人那种慷慨侠义的、很重感情的性格使英格兰工人受到感染，假如不是由于血统混合以及日常交往使英格兰人纯理智的冷静的性格变得柔和起来，那么英国资产阶级的冷酷的利己主义还会更多地存在于工人阶级中。①

《神圣家族》

【综合导读】

该书是马克思和恩格斯第一次合作完成的重要著作，其中大部分的内容是由马克思完成，但是却体现了他们两个人的共同思想。该书主要针对青年黑格尔派的主观唯心主义进行了批判，并阐述了历史唯物主义的基本原理。该书运用对立统一规律分析了资本主义社会固有的矛盾运动——无产阶级和资产阶级的斗争，并初步提出物质生产决定社会历史发展的观点。随着物质生产的发展，群众必然会日益认识到自己的利益同少数统治者的利益相冲突，必然会日益自觉地参加到社会历史活动中来，因此，无产阶级是实现共同体和谐的重要力量，通过消除私有制和建立社会主义社会，可以实现一个真正地让每个人都能够实现自己价值和自由的共同体。

【论述摘编】

照批判的批判的意见，一切祸害都只在工人们的"思维"中。而事实是，英国和法国的工人成立了各种联合会，在这些

---

① 中共中央马克思恩格斯列宁斯大林著作编译局. 马克思恩格斯文集：第 1 卷 [M]. 北京：人民出版社，2009：437.

联合会中，工人们彼此谈论的话题不仅有他们作为工人的直接需要，而且也有他们作为人的各种需要，此外，在这些联合会中，他们表现出了对从他们的合作中所产生的那种"巨大的""不可估量的"力量的非常全面而充分的认识。①

思辨哲学家回答道：这种外观之所以产生，是因为"果品"并不是僵死的、无差别的、静止的本质，而是活生生的、自身有区别的、能动的本质。普通果实的千差万别，不仅对我的感性的理智有意义，而且对"果品"本身，对思辨的理性也是有意义的。通常的千差万别的果实是"统一的果品"的不同的生命表现，它们是"果品"本身所形成的一些结晶。因此，比如说，在苹果中"果品"给自己一个苹果形状的定在，在梨中就给自己一个梨形状的定在。因此，我们再也不能像从实体观点出发那样，说梨是"果品"，苹果是"果品"，扁桃是"果品"；而是相反，必须说"果品"把自己设定为梨，"果品"把自己设定为苹果，"果品"把自己设定为扁桃；把苹果、梨、扁桃彼此区别开来的差别，正是"果品"的自我差别，这些差别使各种特殊的果实正好成为"果品"生活过程中的千差万别的环节。这样，"果品"就不再是无内容的、无差别的统一体，而是作为总和、作为各种果实的"总体"的统一体，这些果实构成一个"被有机地划分为各个环节的系列"。

---

① 中共中央马克思恩格斯列宁斯大林著作编译局. 马克思恩格斯文集：第1卷 [M]. 北京：人民出版社，2009：273.

在这个系列的每一个环节中"果品"都给自己一个更为发展的、表现得更为鲜明的定在，直到它最后作为一切果实的"概括"，同时又是活生生的统一体。这个统一体既把每一种果实全都消融于自身中，又从自身产生出每一种果实，正如身体的各部分不断消融于血液，又不断从血液中产生一样。①

鲍威尔先生的确已经指出德国犹太人的幻想，就是在不存在政治共同体的国家要求参加政治共同体，在只存在政治特权的国家要求政治权利。可是，《德法年鉴》已经向鲍威尔先生指出，他自己对"德国政治制度"所抱有的"幻想"并不比犹太人少。他就是用"基督教国家"不可能在政治上解放犹太人这一点来说明犹太人在德意志各邦的处境的。他歪曲了事实，他把特权国家、基督教日耳曼国家设想成绝对的基督教国家。可是，《德法年鉴》已经向他证明，那种没有任何宗教特权的政治上完备的现代国家，也就是完备的基督教国家；因此，完备的基督教国家不仅能够解放犹太人，而且已经解放了他们，同时按这种国家的本质来说，也必定会解放他们。②

现代的"公共状况"的基础、发达的现代国家的基础，并不像批判所认为的那样是特权的社会，而是废除和取消了特权

---

① 中共中央马克思恩格斯列宁斯大林著作编译局. 马克思恩格斯文集：第 1 卷 [M]. 北京：人民出版社，2009：278.

② 中共中央马克思恩格斯列宁斯大林著作编译局. 马克思恩格斯文集：第 1 卷 [M]. 北京：人民出版社，2009：310.

的社会，是使在政治上仍被特权束缚的生活要素获得自由的发达的市民社会。在这里，没有任何"享有特权的封闭状态"同别的封闭状态相对立，同公共状况相对立。自由工业和自由贸易正在消除享有特权的封闭状态，从而也在消除各种享有特权的封闭状态之间的斗争；而与此同时，自由工业和自由贸易却用挣脱了特权束缚的（这种特权使人们同普遍整体隔绝开来，但同时又把他们结合成为较小的排他性整体）、自身不再由于普遍纽带的假象而依赖于他人的人，来取代那些封闭状态，从而引起人反对人、个人反对个人的普遍斗争。同样，整个市民社会就是这种由于各自的个性而从此相互隔绝的所有个人之间相互反对的战争，就是摆脱了特权桎梏的自然生命力的不可遏止的普遍运动。民主代议制国家和市民社会的对立是社会共同体和奴隶制的典型对立的完成。在现代世界，每一个人都既是奴隶制的成员，同时又是共同体的成员。这种市民社会的奴隶制在表面上看来是最大的自由，因为这种奴隶制看上去似乎是尽善尽美的个人独立，这种个人把自己的异化的生命要素如财产、工业、宗教等既不再受普遍纽带束缚也不再受人束缚的不可遏止的运动，当作自己的自由，但是，这样的运动实际上是个人的十足的屈从性和非人性。①

罗伯斯比尔、圣茹斯特和他们的党之所以灭亡，是因为他

---

① 中共中央马克思恩格斯列宁斯大林著作编译局. 马克思恩格斯文集：第 1 卷 [M]. 北京：人民出版社，2009：316.

们混淆了以真正的奴隶制为基础的古典古代实在论民主共同体和以被解放了的奴隶制即资产阶级社会为基础的现代唯灵论民主代议制国家。他们认为必须以人权的形式承认和批准现代资产阶级社会，即工业、普遍竞争、自由地追求自己目的的私人利益、无政府状态、自我异化的自然个性和精神个性的社会，同时又力图在事后通过单个的个人来取缔这个社会的各种生命表现，同时还力图以古典古代的形式来造就这个社会的政治首脑，这是多么巨大的迷误！①

可见，正是自然必然性、人的本质特性（不管它们是以怎样的异化形式表现出来）、利益把市民社会的成员联合起来。他们之间的现实的纽带是市民生活，而不是政治生活。因此，把市民社会的原子联合起来的不是国家，而是如下的事实：他们只是在观念中、在自己想象的天堂中才是原子，而实际上他们是和原子截然不同的存在物，就是说，他们不是超凡入圣的利己主义者，而是利己主义的人。在今天，只有政治上的迷信还会妄想，市民生活必须由国家来维系，其实恰恰相反，国家是由市民生活来维系的。②

① 中共中央马克思恩格斯列宁斯大林著作编译局．马克思恩格斯文集：第1卷［M］．北京：人民出版社，2009：324.
② 中共中央马克思恩格斯列宁斯大林著作编译局．马克思恩格斯文集：第1卷［M］．北京：人民出版社，2009：322.

《论未来的联合体》

【综合导读】

该文是一篇由恩格斯撰写的遗稿片段，写于 1884 年，第一次用俄文发表于《马克思恩格斯全集》（1937 年第 1 版第 16 卷第 1 部）。该文虽然仅有 250 余字，但高屋建瓴概括了历史上存在过的各种联合体（共同体），即古代联合体、资本主义商业社会的联合体和未来的联合体，并指出联合体的本质皆是为经济目的服务的。该文对研究马克思主义共同体（联合体）思想具有重要价值，为未来联合体的发展指明了方向。事实上，这三种联合体和自然的共同体、虚幻的共同体和真正的共同体具有对应关系，有利于从总体上把握马克思主义共同体思想的本质特征、形态以及发展脉络。

【论述摘编】

迄今存在过的联合体，不论是自然地形成的，或者是人为地造成的，实质上都是为经济目的服务的，但是这些目的被意识形态的附带物掩饰和遮盖了。古代的巴力斯、中世纪的城市或行会、封建的土地贵族联盟——这一切都有意识形态的附带目的，这些附带目的，它们是奉为神圣的，而在城市望族的血族团体和行会中，则来源于氏族社会的回忆、传统和象征，同古代的巴力斯的情况差不多。只有资本主义商业社会才是完全清醒的和务实的，然而是庸俗的。①

未来的联合体将把后者的清醒同古代联合体对共同的社会福利的关心结合起来，并且这样来达到自己的目的。②

《英国状况》

【综合导读】

该书是恩格斯早期的重要作品，撰写于 1843—1844 年间，主要关注英国的经济、社会与政治状况。该书并未明确提及共同体（联合体），但通过对英国社会的各个阶层分析，包括工人阶级、资产阶级等，揭示了他们在社会中的地位和作用，以及他们之间的矛盾和冲突，认为人类分解为"大堆孤立的、互相排斥的原子"，这是人类走向自主联合的必由之路，从而为联合体的出场奠定基础。

【论述摘编】

人类分解为一大堆孤立的、互相排斥的原子，这种情况本

---

① 中共中央马克思恩格斯列宁斯大林著作编译局．马克思恩格斯全集：第 21 卷［M］．北京：人民出版社，1965：447.

② 中共中央马克思恩格斯列宁斯大林著作编译局．马克思恩格斯全集：第 21 卷［M］．北京：人民出版社，1965：447.

身就是一切同业公会利益、民族利益以及一切特殊利益的消灭，是人类走向自由的自主联合以前必经的最后阶段。人，如果正像他现在接近于要做的那样，要重新回到自身，那么通过金钱的统治而完成外在化，就是必由之路。①

英国工业的这一次革命化是现代英国各种关系的基础，是整个社会的运动的动力。上面已经谈过，它的第一个结果就是利益被升格为对人的统治。利益霸占了新创造出来的各种工业力量并利用它们来达到自己的目的；由于私有制的作用，这些理应属于全人类的力量便成为少数富有的资本家的垄断物，成为他们奴役群众的工具。商业吞并了工业，因而变得无所不能，变成了人类的纽带；个人的或国家的一切交往，都被溶化在商业交往中，这就等于说，财产、物升格为世界的统治者。②

《家庭、私有制和国家的起源》

【综合导读】

恩格斯在整理马克思关于读摩尔根的《古代社会》等笔记基础上，结合自己的人类学研究，于1884年写成该书。它是

---

① 中共中央马克思恩格斯列宁斯大林著作编译局. 马克思恩格斯文集：第1卷[M]. 北京：人民出版社，2009：95.
② 中共中央马克思恩格斯列宁斯大林著作编译局. 马克思恩格斯文集：第1卷[M]. 北京：人民出版社，2009：105.

恩格斯晚期创作的社会学著作，也是马克思主义国家学说的代表作之一，是一部深刻剖析人类社会、家庭和国家起源与演变的经典著作。在一定程度上讲，家庭、私有制和国家起源与演变，就是这几种共同体形式的起源和演变。氏族是原始社会的基本单位，它是一个由血亲纽带结合起来的共同体。随着生产的发展和社会结构的变化，氏族解体而国家产生，血缘共同体也随之转变为地域政治的共同体。国家治理是公共治理的一种异化形式，这种以个人财产为中心建立的制度彻底摧毁了以血缘为纽带的氏族共同体。但是，这种共同体也存在难以克服的内在矛盾，因此，恩格斯认为，随着生产力的继续发展，治理体系将经历"否定之否定"的过程，最终实现自由人联合体——原始公共治理方式"更高级的复活"。总之，该书关于共同体的论述深入且富有洞见，特别是关于"自然的共同体"的论述十分丰富。

【论述摘编】

直到今天最著名的历史学家们关于罗马氏族制度的概念还是多么混乱，只要举一个例子就可以看出。在蒙森关于共和时代和奥古斯都时代罗马氏族名称的著作（《罗马研究》1864年柏林版第1卷）中，有这样一段话：

"除了血族的一切男性成员以外，—— 被收养入族和受保护的人包括在内，但奴隶当然除外，——血族的名称也给予妇女……部落〈蒙森在这里如此翻译 gens 一词〉这是……一个从共同的——真实的、假定的、甚至虚构的——世系中产生的，由共同的节日、墓地和继承习惯联合起来的共同体，一切有人身自由的个人，因而也包括妇女，都可以而且必须算在该共同体内。但是，确定结了婚的妇女的氏族名称却成了一种困难。当妇女只能同自己血族的成员结婚时，这一困难自然是不存在的；所以可以证明，有一个长时期，妇女和氏族以外的人结婚，比同血族以内的人结婚要困难得多，因为这种在血族以外结婚的权利（gentis enuptio）到第六世纪时，还被当作赏给个人的特权……但是，凡是实行这种在血族以外结婚的地方，妇女在最古的时代一定要转入夫方的部落。毫无疑问，依照古代的宗教婚姻，妇女完全加入夫方的法权的和宗教的公社，而脱离她自己的公社。谁不知道出嫁的妇女就丧失了在本氏族内继承遗产或将自己的遗产传给本氏族成员的权利，而加入同自己的丈夫、子女以及他们的所有同氏族人的继承团体呢？假使她被她的丈夫家收养为孩子而加入他的家庭，那么她怎能和他的血族不相干呢？"①

所以，国家并不是从来就有的。曾经有过不需要国家、而且根本不知国家和国家权力为何物的社会。在经济发展到一定阶段而必然使社会分裂为阶级时，国家就由于这种分裂而成为必要了。现在我们正在以迅速的步伐走向这样的生产发展阶

---

① 中共中央马克思恩格斯列宁斯大林著作编译局. 马克思恩格斯全集：第21卷 [M]. 北京：人民出版社，1965：140.

段，在这个阶段上，这些阶级的存在不仅不再必要，而且成了生产的直接障碍。阶级不可避免地要消失，正如它们从前不可避免地产生一样。随着阶级的消失，国家也不可避免地要消失。以生产者自由平等的联合体为基础的、按新方式来组织生产的社会，将把全部国家机器放到它应该去的地方，即放到古物陈列馆去，同纺车和青铜斧陈列在一起。①

　　凡是部落以外的，便是不受法律保护的。在没有明确的和平条约的地方，部落与部落之间便存在着战争，而且这种战争进行得很残酷，使别的动物无法和人类相比，只是到后来，才因物质利益的影响而稍微缓和一些。全盛时期的氏族制度，如我们在美洲所见的，其前提是生产极不发达，因此广大地区内人口极度稀少；因此，人类差不多完全受着陌生的、对立的、不可理解的外部大自然的支配，这也就反映在幼稚的宗教观念中。部落始终是人们的界限，无论对别一部落的人来说或者对他们自己来说都是如此：部落、氏族及其制度，都是神圣而不可侵犯的，都是自然所赋予的最高权力，个人在感情、思想和行动上始终是无条件服从的。这个时代的人们，不管在我们看来多么值得赞叹，但他们彼此并没有什么差别，用马克思的话说，他们还没有脱掉自然发生的共同体的脐带。这种自然发生的共同体的权力一定要被打破，而且也确实被打破了。不过它

---

① 中共中央马克思恩格斯列宁斯大林著作编译局. 马克思恩格斯全集：第21卷［M］. 北京：人民出版社，1965：197-198.

是被那种在我们看来简直是一种堕落，一种离开古代氏族社会的纯朴道德高峰的堕落的势力所打破的。①

在伦巴德人和勃艮第人那里，像刚才说过的，我们看到 fǎra 一词，这个词被格林假定源于词根 fisan，意即生育，我则倾向于认为它源于更显而易见的词根 faran，意即骑马、游牧、返回，用来表示不言而喻只是由亲属构成的游牧群的某个一定的部分。这个词，在起初是向东方，后来又向西方迁徙的许多世纪中，渐渐地被用来指血族共同体本身了。②

在成对配偶制中，群已经减缩到它的最后单位，仅由两个原子组成的分子，即一男和一女。自然选择已经通过日益缩小婚姻共同体的范围而完成了自己的使命；在这一方面，它再也没有事可做了。因此，如果没有新的、社会的动力发生作用，那么，从成对配偶制中就没有任何根据产生新的家庭形式了。但是，这种动力开始发生作用了。③

在今日的资产阶级中间，缔结婚姻有两种方式。在天主教

---

① 中共中央马克思恩格斯列宁斯大林著作编译局. 马克思恩格斯全集：第21卷 [M]. 北京：人民出版社，1965：112-113.
② 中共中央马克思恩格斯列宁斯大林著作编译局. 马克思恩格斯全集：第21卷 [M]. 北京：人民出版社，1965：155.
③ 中共中央马克思恩格斯列宁斯大林著作编译局. 马克思恩格斯文集：第4卷 [M]. 北京：人民出版社，2009：65.

国家中，父母照旧为年轻的资产阶级儿子选择适当的妻子，其结果自然是专偶制所固有的矛盾得到了最充分的发展。天主教会禁止离婚，恐怕也只是因为它确信对付通奸就像对付死亡一样，是没有任何药物可治的。相反，在新教国家中，通例是允许资产阶级的儿子有或多或少的自由去从本阶级选择妻子；因此，一定程度的爱可能成为结婚的基础，而且，为了体面，也始终以此为前提，这一点符合新教伪善的精神。不过，在任何婚姻形式下，人们结婚后和结婚前仍然是同样的人，而新教国家的资产者又大多是些庸人，所以，这种新教的专偶制，即使拿一般最好的场合来看，也只不过是导致被叫作家庭幸福的极端枯燥无聊的婚姻共同体罢了。①

于是实行了据说是提修斯所规定的制度。这一改变首先在于，在雅典设立了一个中央管理机关，就是说，以前由各部落独立处理的一部分事务，被宣布为共同的事务，而移交给设在雅典的共同的议事会管辖了。由于这一点，雅典人比美洲任何土著民族都前进了一步：相邻的各部落的单纯的联盟，已经由这些部落融合为单一的民族［Volk］所代替了。于是就产生了凌驾于各个部落和氏族的法的习惯之上的在雅典普遍适用的民族法［Volksrecht］；只要是雅典的公民，即使在非自己部落的

---

① 中共中央马克思恩格斯列宁斯大林著作编译局．马克思恩格斯文集：第4卷［M］．北京：人民出版社，2009：83-84.

地区，也取得了确定的权利和新的法律保护。①

　　德意志野蛮人把罗马人从他们自己的国家里解放了出来，为此他们便强夺了罗马人全部土地的三分之二在自己人当中分配。这一分配是按照氏族制度进行的；由于征服者的人数相对来说较少，仍有广大的土地未被分配，一部分归全体人民占有，一部分归各个部落和氏族占有。在每个氏族内，则用抽签方法把耕地和草地平均分给各户；后来是否进行过重新分配，我们不得而知，但无论如何，这样的做法在罗马各行省不久就取消了，单块的份地变成了可以转让的私有财产即自主地。森林和牧场始终没有分配而留作共同使用；森林和牧场的使用，以及被分配下去的耕地的耕种方式，都是按照古代的习俗和全体的决定来调整的。氏族在自己的村落里定居越久，德意志人和罗马人越是逐渐融合，亲属性质的联系就越是让位于地区性质的联系；氏族消失在马尔克公社中了，但在马尔克公社内，它起源于各成员的亲属关系的痕迹往往还是很显著的。可见，至少在保存着马尔克公社的各个国家——在法国北部、英国、德国和斯堪的纳维亚，氏族制度不知不觉地变成了地区制度，因此得以和国家相适应。但是，它仍保存了它那种自然形成而为整个氏族制度所特有的民主性质；甚至在它后来被迫蜕变的

_____

① 中共中央马克思恩格斯列宁斯大林著作编译局．马克思恩格斯文集：第4卷[M]．北京：人民出版社，2009：127．

30

时候，也还留下了氏族制度的片断，从而在被压迫者手中留下了一种武器，直到现代还有其生命力。①

住得日益稠密的居民，对内和对外都不得不更紧密地团结起来。亲属部落的联盟，到处都成为必要的了；不久，各亲属部落的融合，从而分开的各个部落领土融合为一个民族［Volk］的整个领土，也成为必要的了。民族的军事首长——勒克斯、巴赛勒斯、狄乌丹斯——成了不可缺少的常设的公职人员。还不存在人民大会的地方，也出现了人民大会。军事首长、议事会和人民大会构成了继续发展为军事民主制的氏族社会的各机关。②

先前的一切社会发展阶段上的生产在本质上是共同的生产，同样，消费也是在较大或较小的共产制共同体内部直接分配产品。生产的这种共同性是在极狭小的范围内实现的，但是它随身带来的是生产者对自己的生产过程和产品的支配。他们知道，产品的结局将是怎样：他们把产品消费掉，产品不离开他们的手；只要生产在这个基础上进行，它就不可能越出生产者的支配范围，也不会产生鬼怪般的、对他们来说是异己的力

---

① 中共中央马克思恩格斯列宁斯大林著作编译局. 马克思恩格斯文集：第4卷［M］. 北京：人民出版社，2009：170-171.
② 中共中央马克思恩格斯列宁斯大林著作编译局. 马克思恩格斯文集：第4卷［M］. 北京：人民出版社，2009：183.

量，像在文明时代经常地和不可避免地发生的那样。①

《论封建制度的瓦解和民族国家的产生》

【综合导读】

该文是恩格斯于 1884 年年底撰写的一篇重要著作，阐述了封建制度的瓦解过程以及民族国家的产生，体现了恩格斯的历史唯物主义观点。该文认为，随着封建制度的衰落，商品经济和城市兴起，市民阶层壮大，加上王权与市民的结盟，共同推动了民族国家的产生。在恩格斯的论述中，民族和国家都是共同体的一种形式，这一过程实际上也反映了自然的共同体或古代共同体的瓦解和转变，此外，该文也论述了民族融合等问题。

【论述摘编】

从中世纪早期的各族人民混合中，逐渐发展起新的民族［Nationalitäten］，大家知道，在这一发展过程中，大多数从前罗马行省内的被征服者即农民和市民，把胜利者即日耳曼统治者同化了。因此，现代的民族［Nationalitten］也同样是被压迫

---

① 中共中央马克思恩格斯列宁斯大林著作编译局．马克思恩格斯文集：第 4 卷［M］．北京：人民出版社，2009：193-194．

阶级的产物。关于怎样在一个地方发生了融合，而在另一个地方却发生了分离，我们从门克编制的中洛林各区地图上可以看到一个明确的图景。只要看一下这个地图上的罗曼语和德语地名的分界线就会确信，这条分界线在比利时和下洛林一段上，和一百年前法语与德语的分界线基本上是一致的。某些地方还可以看到狭窄的争议地带，即两种语言争夺优势的地方；但是大体上已确定，哪儿应该仍然是德语地区，哪儿应该仍然是罗曼语地区。①

《〈科隆日报〉第 179 号的社论》

【综合导读】

1842 年，马克思针对《科隆日报》的社论写下了一篇批判文章。该文探讨了哲学与政治之间的紧密联系。该文章虽然并未把"联合体"作为其核心内容，但关于教育的理念对开展铸牢中华民族共同体意识教育具有当代价值。文中认为，教育也承载着传递社会意识形态、培养公民价值观的重要任务，因而，"共同教育"是合乎理性的公共的存在，使他们成为国家的成员、把个人的目的变成普遍的目的。

---

① 中共中央马克思恩格斯列宁斯大林著作编译局．马克思恩格斯文集：第 4 卷 [M]．北京：人民出版社，2009：218.

【论述摘编】

实际上，国家的真正的"公共教育"就在于国家的合乎理性的公共的存在。国家本身教育自己成员的办法是：使他们成为国家的成员；把个人的目的变成普遍的目的，把粗野的本能变成合乎道德的意向，把天然的独立性变成精神的自由；使个人以整体的生活为乐事，整体则以个人的信念为乐事。

与此相反，社论不是把国家看作是相互教育的自由人的联合体，而是看作是被指定接受上面的教育并从"狭隘的"教室走进"更广阔的"教室的一群成年人。①

《评部颁指令的指控》

【综合导读】

该文是马克思为驳斥普鲁士政府查封《莱茵报》的指令所写的一篇文章，对于理解马克思的新闻观、政治观以及他对民主社会的追求具有重要意义。该文提出"合乎伦理和理性的共同体"实际上是确保共同体的整体利益和个体自由的平衡的一种理想追求。

---

① 中共中央马克思恩格斯列宁斯大林著作编译局. 马克思恩格斯全集：第 1 卷 [M]. 北京：人民出版社，1995：217.

【论述摘编】

其次，指令说，《莱茵报》企图"阐述旨在动摇君主制原则的理论"。

这里再次产生了一个问题：如何理解"君主制原则"？例如，《莱茵报》断言，等级差别的存在、片面的官僚制度、书报检查等是同君主制原则相抵触的，而且，《莱茵报》不断努力证明自己的论断，它没有把这些论断仅仅当作心血来潮的想法。但是，总的说来，《莱茵报》从来没有偏爱某一特殊的国家形式。它所关心的是一个合乎伦理和理性的共同体；它认为，这样一种共同体的要求应该而且可以在任何国家形式下实现。因此，它不是把君主制原则看作一个特殊的原则，而是把君主制看作一般国家原则的实现。如果这是错误的话，那么，错误不在于估计不足，而在于估计过头。①

《关于〈莱茵报〉遭到查封的备忘录》

【综合导读】

该文是针对 1843 年普鲁士王国负责书报检查的各部关于查封《莱茵报》的指令提出的对《莱茵报》的指控所作的辩

---

① 中共中央马克思恩格斯列宁斯大林著作编译局. 马克思恩格斯全集：第 1 卷 [M]. 北京：人民出版社，1995：426.

护，可能是由马克思亲自起草的。关于共同体内容与《评部颁指令的指控》大致相同，文中提出"合乎伦理和理性的共同体"实际上是确保共同体的整体利益和个体自由的平衡的一种理想追求。

【论述摘编】

至于所谓旨在"动摇君主制原则"的"理论"，一切都取决于人们把君主制原则理解为什么东西。

比如说，《莱茵报》宣称片面的官僚统治、中世纪的等级权利、书报检查等是同君主制则相抵触的因素。该报根本不像通常的自由主义，主要是谈论特定的国家形式；该报所涉及的主要是内容，是自由人应该成为国家原则那种意义上的民主。该报要求在国家中实现合乎理性和合乎伦理的共同体的那些条件。因此，该报认为君主制原则不是特殊的原则，而是一般的国家原则。从而，该报就证明了，它把君主制国家看作是理性国家的可能的实现。①

---

① 中共中央马克思恩格斯列宁斯大林著作编译局. 马克思恩格斯全集：第1卷[M]. 北京：人民出版社，1995：965.

《德意志意识形态》

【综合导读】

该书是马克思和恩格斯共同创作的哲学著作，首次出版于1932 年。对路德维希·安德列斯·费尔巴哈、布鲁诺·鲍威尔和马克斯·施蒂纳为代表的各式各样唯心史观思想进行了深刻的分析和批判。马克思和恩格斯在此基础上，阐述了唯物史观的基本内容，这标志着唯物史观的创立。"共同体"思想是这部经典著作中的重要内容，作者针对当时哲学、经济学及社会主义学说对"共同体"的错误解读，运用唯物史观原理，即社会存在决定社会意识等观点，对"共同体"做出了科学的说明和解释。作者认为，在原始社会中，由血缘或地缘关系自然形成的共同体可称为"自然的共同体"或"天然的共同体"；在阶级社会特别是资本主义社会中，私人利益和公共利益之间是冲突的、矛盾的，公共利益对个人来说是"异己"的，因此资本主义社会的国家共同体不能真正代表所有人的利益，是"虚假的共同体"或"冒充的共同体"；在消灭了私有制和阶级的共产主义社会中，人们将形成一个真正的共同体，其中每个人的自由全面发展将成为可能。总之，在该书中，马克思、恩格斯揭示了共同体的本质和特征，认为共同体的本质是一种社会关系的总和；共同体的特征则具有历史性、社会性和阶级性。

【论述摘编】

第三种形式是封建的或等级的所有制。古代的起点是城市及其狭小的领地。而中世纪的起点则是乡村。地广人稀，居住分散，而征服者的入侵也没有使人口大量增加，——这种情况决定了起点作这样的转移。因此，与希腊和罗马相反，封建制度的发展是在一个宽广得多的地盘上开始的，而这个地盘是由罗马的征服以及起初与此有关的农业的普及所准备好了的。趋于衰落的罗马帝国的最后几个世纪和蛮族对它的征服，使得生产力遭到了极大的破坏；农业衰落了，工业由于缺乏销路而一蹶不振了，商业停顿或被迫中断了，城乡居民减少了。在日耳曼人的军事制度的影响下，现存关系以及受其制约的实现征服的方式发展了封建所有制。这种所有制与部落所有制和公社所有制一样，也是以某种共同体为基础的。但是作为直接进行生产的阶级而与这种共同体对立的，已经不是古代世界的奴隶，而是小农奴。随着封建制度的充分发展，也产生了与城市对立的现象。土地占有的等级结构以及与之有关的武装扈从制度使贵族掌握了支配农奴的权力。这种封建结构同古代的公社所有制一样，是一种联合，其目的在于对付被统治的生产阶级，只是联合的形式和对于直接生产者的关系有所不同，因为出现了不同的生产条件。①

---

① 中共中央马克思恩格斯列宁斯大林著作编译局. 马克思恩格斯全集：第3卷[M]. 北京：人民出版社，1960：27.

正是由于私人利益和公共利益之间的这种矛盾，公共利益才以国家的姿态而采取一种和实际利益（不论是单个的还是共同的）脱离的独立形式，也就是说采取一种虚幻的共同体的形式。然而这始终是在每一个家庭或部落集团中现有的骨肉联系、语言联系、较大规模的分工联系以及其他利害关系的现实基础上，特别是在我们以后将要证明的各阶级利益的基础上发生的。这些阶级既然已经由于分工而分离开来，就在每一个这样的人群中分离开来，其中一个阶级统治着其他一切阶级。由此可见，国家内部的一切斗争——民主政体、贵族政体和君主政体相互之间的斗争，争取选举权的斗争等，不过是一些虚幻的形式，在这些形式下进行着各个不同阶级间的真正的斗争（德国的理论家们对此一窍不通，尽管在《德法年鉴》和《神圣家族》中已经十分明确地向他们指出过这一点）。从这里还可以看出，每一个力图取得统治的阶级，如果它的统治就像无产阶级的统治那样，预定要消灭整个旧的社会形态和一切统治，都必须首先夺取政权，以便把自己的利益说成是普遍的利益，而这是它在初期不得不如此做的。①

正因为各个个人所追求的仅仅是自己的特殊的、对他们说来是同他们的共同利益不相符合的利益（普遍的东西一般说来

---

① 中共中央马克思恩格斯列宁斯大林著作编译局. 马克思恩格斯全集：第 3 卷 [M]. 北京：人民出版社，1960：37-38.

是一种虚幻的共同体的形式），所以他们认为这种共同利益是"异己的"，是"不依赖"于他们的，也就是说，这仍旧是一种特殊的独特的"普遍"利益，或者是他们本身应该在这种分离的界限里活动，这种情况也发生在民主制中。另一方面，这些特殊利益始终在真正地反对共同利益和虚幻的共同利益，这些特殊利益的实际斗争使得通过以国家姿态出现的虚幻的"普遍"利益来对特殊利益进行实际的干涉和约束成为必要。受分工制约的不同个人的共同活动产生了一种社会力量，即扩大了的生产力。由于共同活动本身不是自愿地而是自发地形成的，因此这种社会力量在这些个人看来就不是他们自身的联合力量，而是某种异己的、在他们之外的权力。关于这种权力的起源和发展趋向，他们一点也不了解；因而他们就不再能驾驭这种力量，相反地，这种力量现在却经历着一系列独特的、不仅不以人们的意志和行为为转移的，反而支配着人们的意志和行为的发展阶段。①

市民社会包括各个个人在生产力发展的一定阶段上的一切物质交往。它包括该阶段上的整个商业生活和工业生活，因此它超出了国家和民族的范围，尽管另一方面它对外仍然需要以民族的姿态出现，对内仍然需要组成国家的形式。"市民社会"这一用语是在18世纪产生的，当时财产关系已经摆脱了古代

---

① 中共中央马克思恩格斯列宁斯大林著作编译局. 马克思恩格斯全集：第3卷 [M]. 北京：人民出版社，1960：38–39.

的和中世纪的共同体。真正的资产阶级社会只是随同资产阶级
发展起来的；但是这一名称始终标志着直接从生产和交往中发
展起来的社会组织，这种社会组织在一切时代都构成国家的基
础以及任何其他的观念的上层建筑的基础。①

私法和私有制是从自然形成的共同体形式的解体过程中同
时发展起来的。在罗马人那里，私有制和私法的发展没有在工
业和贸易方面引起进一步的后果，因为他们的生产方式没有改
变。在现代各国人民那里，工业和贸易瓦解了封建的共同体形
式，因此对他们说来，随着私有制和私法的产生，便开始了一
个能够进一步发展的新阶段。②

在私法中，现存的所有制关系表现为普遍意志的结果。仅
仅 jus utendi et abutendi［使用和滥用的权利］就一方面表明
私有制已经完全不依赖于共同体，另一方面表明了一个幻想，
仿佛私有制本身仅仅是以个人意志，即以对物的任意支配为基
础的。实际上 abuti［滥用］这个概念对于所有者具有极为明
确的经济界限，如果他不希望他的财产即他的 jus abutendi［滥
用的权利］转入他人之手的话；因为仅仅从对他的意志的关系
来考察的物根本不是物；物只有在交往的过程中并且不以权利

---

① 中共中央马克思恩格斯列宁斯大林著作编译局．马克思恩格斯全集：第 3 卷
[M]．北京：人民出版社，1960：41．
② 中共中央马克思恩格斯列宁斯大林著作编译局．马克思恩格斯全集：第 3 卷
[M]．北京：人民出版社，1960：71．

（一种关系，哲学家们称之为观念）为转移时，才成为物，即成为真正的财产。①

　　私有制，就劳动的范围内来说，是同劳动对立的，私有制是从积累的必然性中发展起来的。起初它大部分仍旧保存着共同体的形式，但是在以后的发展中越来越接近私有制的现代形式。②

　　由此可见，甚至在一个民族内各个个人都有各种完全不同的发展，即使撇开他们的财产关系不谈，而且较早时期的利益，在与之相适应的交往形式已经为适应于较晚时期的利益的交往形式所排挤之后，仍然在长时间内拥有一种表现为与个人隔离的虚幻共同体（国家、法）的传统权力，这种权力归根结底只有通过革命才能打倒。③

　　再没有比认为迄今历史上的一切似乎都可以归结于占领这一观念更普通的了。蛮人占领了罗马帝国，这一事实通常被用来说明从古代世界向封建主义的过渡。但是在蛮人的占领下，

---

① 中共中央马克思恩格斯列宁斯大林著作编译局. 马克思恩格斯全集：第3卷[M]. 北京：人民出版社，1960：71-72.

② 中共中央马克思恩格斯列宁斯大林著作编译局. 马克思恩格斯全集：第3卷[M]. 北京：人民出版社，1960：74.

③ 中共中央马克思恩格斯列宁斯大林著作编译局. 马克思恩格斯全集：第3卷[M]. 北京：人民出版社，1960：81.

一切都取决于被征服民族此时是否已经像现代民族那样发展了工业生产力，或者它的生产力主要还只是以它的联合和现存的共同体形式为基础。其次，占领的性质是受占领的对象所制约的。如果占领者不依从于被占领国家的生产和交往的条件，就完全无法占领当地银行家的体现于票据中的财产。对于每个现代工业国家的整个工业资本说来情况也是这样。最后，无论什么地方，占领很快就面临结束之日，那时已经没有东西可供占领了，需要转向生产。①

不是希腊哲学落在"施蒂纳"背后，而是"施蒂纳"落在希腊哲学背后。这位无知的教书匠不向我们说明"古代"如何成为事物世界和"克服"事物世界，却只靠引一段提蒙的话就让古代消失大吉；在圣麦克斯看来，古代人是"由自然界使其处于"古代的"共同体"中的，这样古代也就更自然地"达到它的最终目的"了，而且"可以做出结论"，当这种共同体、家庭等被称为"所谓的自然联系"时，这一点"大概已经很清楚"，并且特别容易理解了。②

同样，古代世界可以被看作是唯心主义的，因为古代人在历史上代表着 citoyen［公民］、唯心主义的政治家，而近代人

---

① 中共中央马克思恩格斯列宁斯大林著作编译局．马克思恩格斯全集：第 3 卷［M］．北京：人民出版社，1960：82-83．

② 中共中央马克思恩格斯列宁斯大林著作编译局．马克思恩格斯全集：第 3 卷［M］．北京：人民出版社，1960：149．

则归根到底是 bourgeois［资产者］、唯实主义的 ami du commerce［商业之友］；或者古代世界也可以理解为唯实主义的，因为古代人认为共同体是"真理"，而近代人则认为是唯心主义的"谎言"。①

封建社会越是向资产阶级社会过渡，一切立法也就越来越多地抛弃这个法学虚构（例如，请参阅拿破仑法典）。这里用不着细说，绝对父权和长子继承权——包括自然形成的封建长子继承权，也包括它的后来形式——是以非常确定的物质关系为基础的。在因私人生活的发展而引起共同体瓦解的时代，古代各族人民中也有同样的现象（这一点的最好证明就是罗马继承法的历史）。总之，桑乔不能选出比继承法更不恰当的例子，继承法最清楚地说明了法对于生产关系的依存性。②

实际上，对法的历史的最新研究判明，在罗马，在日耳曼、赛尔特和斯拉夫各族人民中，财产发展的起点都是公社财产或部族财产，而真正的私有财产到处都是因篡夺而产生的；这一点圣桑乔自然不能从法的概念就是概念这个深刻的灼见中引伸出来。与这些法学的独断主义者相形之下，蒲鲁东根据这一事实并完全用他们自己的前提去反对他们，却是做得十分对

---

① 中共中央马克思恩格斯列宁斯大林著作编译局. 马克思恩格斯全集：第 3 卷［M］. 北京：人民出版社，1960：150.
② 中共中央马克思恩格斯列宁斯大林著作编译局. 马克思恩格斯全集：第 3 卷［M］. 北京：人民出版社，1960：420.

的。"这就是"作为概念的法的概念的"怪影所引导的去处"。假使蒲鲁东捍卫了更早期和更原始的财产形式来反对已经超出了这个原始共同体的私有财产,那么他才应该因为他的上述那段话而受到攻击。①

联盟、联合——这是一切成员经常变动的联合……当然,从联盟中也能产生出社会,但这只是像从思想中产生出固定观念一样……如果一个联盟固定化,变成了社会,那么它就不再是联合,因为联合是一种不断的自我联合;那个时候,联盟变成了联合体,变成了联盟或联合的尸体,——它变成了社会……联盟既不受自然羁绊的束缚,也不受精神羁绊的束缚。②

这种生产第一次是随着人口的增长而开始的。而生产本身又是以个人彼此之间的交往[Verkehr]为前提的。这种交往的形式又是由生产决定的。

各民族之间的相互关系取决于每一个民族的生产力、分工和内部交往的发展程度。这个原理是公认的。然而不仅一个民族与其他民族的关系,而且这个民族本身的整个内部结构也取决于自己的生产以及自己内部和外部的交往的发展程度。一个民族的生产力发展的水平,最明显地表现于该民族分工的发展

---

① 中共中央马克思恩格斯列宁斯大林著作编译局. 马克思恩格斯全集:第3卷[M]. 北京:人民出版社,1960:422.
② 中共中央马克思恩格斯列宁斯大林著作编译局. 马克思恩格斯全集:第3卷[M]. 北京:人民出版社,1960:485.

程度。任何新的生产力，只要它不是迄今已知的生产力单纯的量的扩大（例如，开垦土地），都会引起分工的进一步发展。①

　　一个民族内部的分工，首先引起工商业劳动同农业劳动的分离，从而也引起城乡的分离和城乡利益的对立。分工的进一步发展导致商业劳动同工业劳动的分离。同时，由于这些不同部门内部的分工，共同从事某种劳动的个人之间又形成不同的分工。这种种分工的相互关系取决于农业劳动、工业劳动和商业劳动的经营方式（父权制、奴隶制、等级、阶级）。在交往比较发达的条件下，同样的情况也会在各民族间的相互关系中出现。②

　　第一种所有制形式是部落［Stamm］所有制。这种所有制与生产的不发达阶段相适应，当时人们靠狩猎、捕鱼、畜牧，或者最多靠耕作为生。在人们靠耕作为生的情况下，这种所有制是以有大量未开垦的土地为前提的。在这个阶段，分工还很不发达，仅限于家庭中现有的自然形成的分工的进一步扩大。因此，社会结构只限于家庭的扩大：父权制的部落首领，他们管辖的部落成员，最后是奴隶。潜在于家庭中的奴隶制，是随着人口和需求的增长，随着战争和交易这种外部交往的扩大而

---

① 中共中央马克思恩格斯列宁斯大林著作编译局 . 马克思恩格斯文集：第 1 卷［M］. 北京：人民出版社，2009：520.

② 中共中央马克思恩格斯列宁斯大林著作编译局 . 马克思恩格斯文集：第 1 卷［M］. 北京：人民出版社，2009：520.

逐渐发展起来的。①

　　第二种所有制形式是古典古代的公社所有制和国家所有制。这种所有制首先是由于几个部落通过契约或征服联合为一个城市而产生的。在这种所有制下仍然保存着奴隶制。除公社所有制以外，动产私有制以及后来的不动产私有制已经发展起来，但它们是作为一种反常的、从属于公社所有制的形式发展起来的。公民仅仅共同拥有支配自己那些做工的奴隶的权利，因此受公社所有制形式的约束。这是积极公民的一种共同私有制，他们面对着奴隶不得不保存这种自然形成的联合方式。②

　　思想、观念、意识的生产最初是直接与人们的物质活动，与人们的物质交往，与现实生活的语言交织在一起的。人们的想象、思维、精神交往在这里还是人们物质行动的直接产物。表现在某一民族的政治、法律、道德、宗教、形而上学等的语言中的精神生产也是这样。人们是自己的观念、思想等的生产者，但这里所说的人们是现实的、从事活动的人们，他们受自己的生产力和与之相适应的交往的一定发展——直到交往的最

---

① 中共中央马克思恩格斯列宁斯大林著作编译局．马克思恩格斯文集：第 1 卷
　　[M]．北京：人民出版社，2009：521．
② 中共中央马克思恩格斯列宁斯大林著作编译局．马克思恩格斯文集：第 1 卷
　　[M]．北京：人民出版社，2009：521．

遥远的形态——所制约。①

因此，道德、宗教、形而上学和其他意识形态，以及与它们相适应的意识形式便不再保留独立性的外观了。它们没有历史，没有发展，而发展着自己的物质生产和物质交往的人们，在改变自己的这个现实的同时也改变着自己的思维和思维的产物。不是意识决定生活，而是生活决定意识。②

没有蒸汽机和珍妮走锭精纺机就不能消灭奴隶制；没有改良的农业就不能消灭农奴制；当人们还不能使自己的吃喝住穿在质和量方面得到充分保证的时候，人们就根本不能获得解放。"解放"是一种历史活动，不是思想活动，"解放"是由历史的关系，是由工业状况、商业状况、农业状况、交往状况促成的。③

只有现在，在我们已经考察了原初的历史的关系的四个因素、四个方面之后，我们才发现：人还具有"意识"。但是这种意识并非一开始就是"纯粹的"意识。"精神"从一开始就

---

① 中共中央马克思恩格斯列宁斯大林著作编译局.马克思恩格斯文集：第1卷 [M].北京：人民出版社，2009：524-525.

② 中共中央马克思恩格斯列宁斯大林著作编译局.马克思恩格斯文集：第1卷 [M].北京：人民出版社，2009：525.

③ 中共中央马克思恩格斯列宁斯大林著作编译局.马克思恩格斯文集：第1卷 [M].北京：人民出版社，2009：527.

很倒霉，受到物质的"纠缠"，物质在这里表现为振动着的空气层、声音，简言之，即语言。语言和意识具有同样长久的历史，语言是一种实践的、既为别人存在因而也为我自身而存在的、现实的意识。语言也和意识一样，只是由于需要，由于和他人交往的迫切需要才产生的。①

从这里可以看出，国家内部的一切斗争——民主政体、贵族政体和君主政体相互之间的斗争，争取选举权的斗争等，不过是一些虚幻的形式——普遍的东西一般说来是一种虚幻的共同体的形式，在这些形式下进行着各个不同阶级间的真正的斗争（德国的理论家们对此一窍不通，尽管在《德法年鉴》和《神圣家族》中已经十分明确地向他们指出过这一点）。②

其次，随着分工的发展也产生了单个人的利益或单个家庭的利益与所有互相交往的个人的共同利益之间的矛盾；而且这种共同利益不是仅仅作为一种"普遍的东西"存在于观念之中，而首先是作为彼此有了分工的个人之间的相互依存关系存在于现实之中。③

---

① 中共中央马克思恩格斯列宁斯大林著作编译局.马克思恩格斯文集：第1卷[M].北京：人民出版社，2009：533.
② 中共中央马克思恩格斯列宁斯大林著作编译局.马克思恩格斯文集：第1卷[M].北京：人民出版社，2009：536.
③ 中共中央马克思恩格斯列宁斯大林著作编译局.马克思恩格斯文集：第1卷[M].北京：人民出版社，2009：536.

因为共同活动本身不是自愿地而是自然形成的，所以这种社会力量在这些个人看来就不是他们自身的联合力量，而是某种异己的、在他们之外的强制力量。①

其次，生产力的这种发展之所以是绝对必需的实际前提，还因为：只有随着生产力的这种普遍发展，人们的普遍交往才能建立起来；普遍交往，一方面，可以产生一切民族中同时都存在着"没有财产的"群众这一现象（普遍竞争），使每一民族都依赖于其他民族的变革；最后，地域性的个人为世界历史性的、经验上普遍的个人所代替。不这样，（1）共产主义就只能作为某种地域性的东西而存在；（2）交往的力量本身就不可能发展成为一种普遍的因而是不堪忍受的力量：它们会依然处于地方的、笼罩着迷信气氛的"状态"；（3）交往的任何扩大都会消灭地域性的共产主义。共产主义只有作为占统治地位的各民族"一下子"同时发生的行动，在经验上才是可能的，而这是以生产力的普遍发展和与此相联系的世界交往为前提的。②

受到迄今为止一切历史阶段的生产力制约同时又反过来制约生产力的交往形式，就是市民社会。前面的叙述已经表明，这个社会是以简单的家庭和复杂的家庭，即所谓部落制度作为

① 中共中央马克思恩格斯列宁斯大林著作编译局. 马克思恩格斯文集：第1卷 [M]. 北京：人民出版社，2009：538.
② 中共中央马克思恩格斯列宁斯大林著作编译局. 马克思恩格斯文集：第1卷 [M]. 北京：人民出版社，2009：538-539.

自己的前提和基础的。①

　　各个相互影响的活动范围在这个发展进程中越是扩大，各民族的原始封闭状态由于日益完善的生产方式、交往以及因交往而自然形成的不同民族之间的分工消灭得越是彻底，历史也就越是成为世界历史。例如，如果在英国发明了一种机器，它夺走了印度和中国的无数劳动者的饭碗，并引起这些国家的整个生存形式的改变，那么，这个发明便成为一个世界历史性的事实；同样，砂糖和咖啡是这样来表明自己在 19 世纪具有的世界历史意义的。②

　　由此可见，这种历史观就在于：从直接生活的物质生产出发阐述现实的生产过程，把同这种生产方式相联系的、它所产生的交往形式即各个不同阶段上的市民社会理解为整个历史的基础，从市民社会作为国家的活动描述市民社会，同时从市民社会出发阐明意识的所有各种不同的理论产物和形式，如宗教、哲学、道德等，而且追溯它们产生的过程。③

　①　中共中央马克思恩格斯列宁斯大林著作编译局 . 马克思恩格斯文集：第 1 卷 [M]. 北京：人民出版社，2009：540.
　②　中共中央马克思恩格斯列宁斯大林著作编译局 . 马克思恩格斯文集：第 1 卷 [M]. 北京：人民出版社，2009：540-541.
　③　中共中央马克思恩格斯列宁斯大林著作编译局 . 马克思恩格斯文集：第 1 卷 [M]. 北京：人民出版社，2009：544.

在前一种情况下，所有者对非所有者的统治可以依靠个人关系，依靠这种或那种形式的共同体；在后一种情况下，这种统治必须采取物的形式，通过某种第三者，即通过货币。①

分工的进一步扩大是生产和交往的分离，是商人这一特殊阶级的形成。这种分离在随历史保存下来的城市（其中有住有犹太人的城市）里被继承下来，并很快就在新兴的城市中出现了。这样就产生了同邻近地区以外的地区建立贸易联系的可能性，这种可能性之变为现实，取决于现有的交通工具的情况，取决于政治关系所决定的沿途社会治安状况（大家知道，整个中世纪，商人都是结成武装商队行动的）以及取决于交往所及地区内相应的文化水平所决定的比较粗陋或比较发达的需求。②

随着交往集中在一个特殊阶级手里，随着商人所促成的同城市近郊以外地区的通商的扩大，在生产和交往之间也立即发生了相互作用。城市彼此建立了联系，新的劳动工具从一个城市运往另一个城市，生产和交往之间的分工随即引起了各城市之间在生产上的新的分工，不久每一个城市都设立一个占优势

---

① 中共中央马克思恩格斯列宁斯大林著作编译局. 马克思恩格斯文集：第1卷 [M]. 北京：人民出版社，2009：555-556.
② 中共中央马克思恩格斯列宁斯大林著作编译局. 马克思恩格斯文集：第1卷 [M]. 北京：人民出版社，2009：559.

的工业部门。最初的地域局限性开始逐渐消失。①

某一个地域创造出来的生产力，特别是发明，在往后的发展中是否会失传，完全取决于交往扩展的情况。当交往只限于毗邻地区的时候，每一种发明在每一个地域都必须单独进行；一些纯粹偶然的事件，例如蛮族的入侵，甚至是通常的战争，都足以使一个具有发达生产力和有高度需求的国家陷入一切都必须从头开始的境地。在历史发展的最初阶段，每天都在重新发明，而且每个地域都是独立进行的。发达的生产力，即使在通商相当广泛的情况下，也难免遭到彻底的毁灭。关于这一点，腓尼基人的例子就可以说明。由于这个民族被排挤于商业之外，由于他们被亚历山大征服以及继之而来的衰落，他们的大部分发明都长期失传了。再如中世纪的玻璃绘画术也有同样的遭遇。只有当交往成为世界交往并且以大工业为基础的时候，只有当一切民族都卷入竞争斗争的时候，保持已创造出来的生产力才有了保障。②

随着美洲和通往东印度的航线的发现，交往扩大了，工场手工业和整个生产运动有了巨大的发展。从那里输入的新产

---

① 中共中央马克思恩格斯列宁斯大林著作编译局. 马克思恩格斯文集：第1卷[M]. 北京：人民出版社，2009：559.
② 中共中央马克思恩格斯列宁斯大林著作编译局. 马克思恩格斯文集：第1卷[M]. 北京：人民出版社，2009：559-560.

品，特别是进入流通的大量金银完全改变了阶级之间的相互关系，并且沉重地打击了封建土地所有制和劳动者；冒险者的远征，殖民地的开拓，首先是当时市场已经可能扩大为而且日益扩大为世界市场，——所有这一切产生了历史发展的一个新阶段，关于这个阶段的一般情况我们不准备在这里多谈。①

同样，大工业发达的国家也影响着那些或多或少是非工业性质的国家，因为那些国家由于世界交往而被卷入普遍竞争的斗争中。

这些不同的形式同时也是劳动组织的形式，从而也是所有制的形式。在每一个时期都发生现存的生产力相结合的现象，因为需求使这种结合成为必要的。②

因此，按照我们的观点，一切历史冲突都根源于生产力和交往形式之间的矛盾。此外，不一定非要等到这种矛盾在某一国家发展到极端尖锐的地步，才导致这个国家内发生冲突。由广泛的国际交往所引起的同工业比较发达的国家的竞争，就足以使工业比较不发达的国家内产生类似的矛盾（例如，英国工

---

① 中共中央马克思恩格斯列宁斯大林著作编译局. 马克思恩格斯文集：第1卷 [M]. 北京：人民出版社，2009：562.

② 中共中央马克思恩格斯列宁斯大林著作编译局. 马克思恩格斯文集：第1卷 [M]. 北京：人民出版社，2009：567.

业的竞争使德国潜在的无产阶级显露出来了）。①

尽管竞争把各个人汇集在一起，它却使各个人，不仅使资产者，而且更使无产者彼此孤立起来。因此这会持续很长时间，直到这些个人能够联合起来，更不用说，为了这种联合——如果它不仅仅是地域性的联合——，大工业应当首先创造出必要的手段，即大工业城市和廉价而便利的交通。因此只有经过长期的斗争，才能战胜同这些孤立的、生活在每天都重复产生着孤立状态的条件下的个人相对立的一切有组织的势力。②

个人力量（关系）由于分工而转化为物的力量这一现象，不能靠人们从头脑里抛开关于这一现象的一般观念的办法来消灭，而只能靠个人重新驾驭这些物的力量，靠消灭分工的办法来消灭。没有共同体，这是不可能实现的。只有在共同体中，个人才能获得全面发展其才能的手段，也就是说，只有在共同体中才可能有个人自由。在过去的种种冒充的共同体中，如在国家等中，个人自由只是对那些在统治阶级范围内发展的个人来说是存在的，他们之所以有个人自由，只是因为他们是这一

---

① 中共中央马克思恩格斯列宁斯大林著作编译局. 马克思恩格斯文集：第 1 卷
[M]. 北京：人民出版社，2009：567–568.
② 中共中央马克思恩格斯列宁斯大林著作编译局. 马克思恩格斯文集：第 1 卷
[M]. 北京：人民出版社，2009：568.

阶级的个人。从前各个人联合而成的虚假的共同体，总是相对
于各个人而独立的；由于这种共同体是一个阶级反对另一个阶
级的联合，因此对于被统治的阶级来说，它不仅是完全虚幻的
共同体，而且是新的桎梏。在真正的共同体的条件下，各个人
在自己的联合中并通过这种联合获得自己的自由。①

　　从上述一切可以看出，某一阶级的各个人所结成的、受他
们与另一阶级相对立的那种共同利益所制约的共同关系，总是
这样一种共同体，这些个人只是作为一般化的个人隶属于这种
共同体，只是由于他们还处在本阶级的生存条件下才隶属于这
种共同体；他们不是作为个人而是作为阶级的成员处于这种共
同关系中的。而在控制了自己的生存条件和社会全体成员的生
存条件的革命无产者的共同体中，情况就完全不同了。在这个
共同体中各个人都是作为个人参加的。它是各个人的这样一种
联合（自然是以当时发达的生产力为前提的），这种联合把个
人的自由发展和运动的条件置于他们的控制之下。而这些条件
从前是受偶然性支配的，并且是作为某种独立的东西同单个人
对立的。这正是由于他们作为个人是相互分离的，是由于分工
使他们有了一种必然的联合，而这种联合又因为他们的相互分
离而成了一种对他们来说是异己的联系。②

---

①　中共中央马克思恩格斯列宁斯大林著作编译局．马克思恩格斯文集：第 1 卷
　　［M］．北京：人民出版社，2009：570-571.
②　中共中央马克思恩格斯列宁斯大林著作编译局．马克思恩格斯文集：第 1 卷
　　［M］．北京：人民出版社，2009：573.

共产主义和所有过去的运动不同的地方在于：它推翻一切旧的生产关系和交往关系的基础，并且第一次自觉地把一切自发形成的前提看作是前人的创造，消除这些前提的自发性，使这些前提受联合起来的个人的支配。因此，建立共产主义实质上具有经济的性质，这就是为这种联合创造各种物质条件，把现存的条件变成联合的条件。①

共产主义所造成的存在状况，正是这样一种现实基础，它使一切不依赖于个人而存在的状况不可能发生，因为这种存在状况只不过是各个人之间迄今为止的交往的产物。这样，共产主义者实际上把迄今为止的生产和交往所产生的条件看作无机的条件。然而他们并不以为过去世世代代的意向和使命就是给他们提供资料，也不认为这些条件对于创造它们的个人来说是无机的。②

生产力与交往形式的关系就是交往形式与个人的行动或活动的关系。……个人相互交往的条件，在上述这种矛盾产生以前，是与他们的个性相适合的条件，对于他们来说不是什么外部的东西；在这些条件下，生存于一定关系中的一定的个人独力生产自己的物质生活以及与这种物质生活有关的东西，因而

---

① 中共中央马克思恩格斯列宁斯大林著作编译局．马克思恩格斯文集：第1卷[M]．北京：人民出版社，2009：574.

② 中共中央马克思恩格斯列宁斯大林著作编译局．马克思恩格斯文集：第1卷[M]．北京：人民出版社，2009：574.

这些条件是个人的自主活动的条件，并且是由这种自主活动产生出来的。①

这些不同的条件，起初是自主活动的条件，后来却变成了自主活动的桎梏，这些条件在整个历史发展过程中构成各种交往形式的相互联系的序列，各种交往形式的联系就在于：已成为桎梏的旧交往形式被适应于比较发达的生产力，因而也适应于进步的个人自主活动方式的新交往形式所代替；新的交往形式又会成为桎梏，然后又为另一种交往形式所代替。由于这些条件在历史发展的每一阶段都是与同一时期的生产力的发展相适应的，所以它们的历史同时也是发展着的、由每一个新的一代承受下来的生产力的历史，从而也是个人本身力量发展的历史。②

由于这种发展是自发地进行的，就是说它不是按照自由联合起来的个人制定的共同计划进行的，所以它是以各个不同的地域、部落、民族和劳动部门等为出发点的，其中的每一个起初都与别的不发生联系而独立地发展，后来才逐渐与它们发生

---

① 中共中央马克思恩格斯列宁斯大林著作编译局. 马克思恩格斯文集：第1卷 [M]. 北京：人民出版社，2009：575.

② 中共中央马克思恩格斯列宁斯大林著作编译局. 马克思恩格斯文集：第1卷 [M]. 北京：人民出版社，2009：575-576.

联系。①

　　类似的关系在征服的情况下也可以看到，如果在另一块土地上发展起来的交往形式被现成地搬到被征服国家的话。这种交往形式在自己的祖国还受到以前时代遗留下来的利益和关系的牵累，而它在这些地方却能够而且应当充分地和不受阻碍地确立起来，尽管这是为了保证征服者拥有持久的政权（英格兰和那不勒斯在被诺曼人征服之后，获得了最完善的封建组织形式）。②

　　征服这一事实看起来好像是同整个这种历史观矛盾的。到目前为止，暴力、战争、掠夺、抢劫等被看作是历史的动力。这里我们只能谈谈主要之点，因此，我们举一个最显著的例子：古老文明被蛮族破坏，以及与此相联系重新开始形成一种新的社会结构（罗马和蛮人，封建制度和高卢人，东罗马帝国和土耳其人）。对进行征服的蛮族来说，正如以上所指出的，战争本身还是一种通常的交往形式；在传统的、对该民族来说唯一可能的粗陋生产方式下，人口的增长越来越需要新的生产

---

① 中共中央马克思恩格斯列宁斯大林著作编译局．马克思恩格斯文集：第1卷 [M]．北京：人民出版社，2009：576．
② 中共中央马克思恩格斯列宁斯大林著作编译局．马克思恩格斯文集：第1卷 [M]．北京：人民出版社，2009：577．

资料，因而这种交往形式越来越被加紧利用。①

　　从这种很快出现的生产的必要性中可以得出如下结论：定居下来的征服者所采纳的共同体形式，应当适应于他们面临的生产力发展水平，如果起初情况不是这样，那么共同体形式就应当按照生产力来改变。这也就说明了民族大迁徙后的时期到处可见的一件事实，即奴隶成了主人，征服者很快就接受了被征服民族的语言、教育和风俗。②

　　在大工业和竞争中，各个人的一切生存条件、一切制约性、一切片面性都融合为两种最简单的形式——私有制和劳动。货币使任何交往形式和交往本身成为对个人来说是偶然的东西。因此，货币就是产生下述现象的根源：迄今为止的一切交往都只是在一定条件下个人的交往，而不是作为个人的个人的交往。这些条件可以归结为两点：积累起来的劳动，或者说私有制，以及现实的劳动。如果二者缺一，交往就会停止。现代的经济学家如西斯蒙第、舍尔比利埃等人自己就把个人的联合同资本的联合对立起来。③

① 中共中央马克思恩格斯列宁斯大林著作编译局．马克思恩格斯文集：第 1 卷 [M]．北京：人民出版社，2009：577.
② 中共中央马克思恩格斯列宁斯大林著作编译局．马克思恩格斯文集：第 1 卷 [M]．北京：人民出版社，2009：578.
③ 中共中央马克思恩格斯列宁斯大林著作编译局．马克思恩格斯文集：第 1 卷 [M]．北京：人民出版社，2009：579.

　　这样一来，现在情况就变成了这样：各个人必须占有现有的生产力总和，这不仅是为了实现他们的自主活动，而且从根本上说也是为了保证自己的生存。这种占有首先受所要占有的对象的制约，即受发展成为一定总和并且只有在普遍交往的范围里才存在的生产力的制约。因此，仅仅由于这一点，占有就必须带有同生产力和交往相适应的普遍性质。对这些力量的占有本身不外是同物质生产工具相适应的个人才能的发挥。仅仅因为这个缘故，对生产工具一定总和的占有，也就是个人本身的才能的一定总和的发挥。①

　　过去的一切革命的占有都是有限制的；各个人的自主活动受到有局限性的生产工具和有局限性的交往的束缚，他们所占有的是这种有局限性的生产工具，因此他们只是达到了新的局限性。他们的生产工具成了他们的财产，但是他们本身始终屈从于分工和自己的生产工具。在迄今为止的一切占有制下，许多个人始终屈从于某种唯一的生产工具；在无产者的占有制下，许多生产工具必定归属于每一个个人，而财产则归属于全体个人。现代的普遍交往，除了归属于全体个人，不可能归属于各个人。②

---

① 中共中央马克思恩格斯列宁斯大林著作编译局．马克思恩格斯文集：第 1 卷　[M]．北京：人民出版社，2009：580-581.
② 中共中央马克思恩格斯列宁斯大林著作编译局．马克思恩格斯文集：第 1 卷　[M]．北京：人民出版社，2009：581.

其次，占有还受实现占有所必须采取的方式的制约。占有只有通过联合才能实现，由于无产阶级本身固有的本性，这种联合又只能是普遍性的，而且占有也只有通过革命才能得到实现，在革命中，一方面迄今为止的生产方式和交往方式的权力以及社会结构的权力被打倒，另一方面无产阶级的普遍性质以及无产阶级为实现这种占有所必需的能力得到发展，同时无产阶级将抛弃它迄今的社会地位遗留给它的一切东西。①

只有在这个阶段上，自主活动才同物质生活一致起来，而这又是同各个人向完全的个人的发展以及一切自发性的消除相适应的。同样，劳动向自主活动的转化，同过去受制约的交往向个人本身的交往的转化，也是相互适应的。随着联合起来的个人对全部生产力的占有，私有制也就终结了。在迄今为止的历史上，一种特殊的条件总是表现为偶然的，而现在，各个人本身的独自活动，即每一个人本身特殊的个人职业，才是偶然的。②

市民社会包括各个人在生产力发展的一定阶段上的一切物质交往。它包括该阶段的整个商业生活和工业生活，因此它超出了国家和民族的范围，尽管另一方面它对外仍必须作为民族

---

① 中共中央马克思恩格斯列宁斯大林著作编译局. 马克思恩格斯文集：第 1 卷 [M]. 北京：人民出版社，2009：581.
② 中共中央马克思恩格斯列宁斯大林著作编译局. 马克思恩格斯文集：第 1 卷 [M]. 北京：人民出版社，2009：582.

起作用，对内仍必须组成为国家。"市民社会"这一用语是在18世纪产生的，当时财产关系已经摆脱了古典古代的和中世纪的共同体。真正的市民社会只是随同资产阶级发展起来的，但是市民社会这一名称始终标志着直接从生产和交往中发展起来的社会组织，这种社会组织在一切时代都构成国家的基础以及任何其他的观念的上层建筑的基础。①

所有制的最初形式，无论是在古典古代世界或中世纪，都是部落所有制，这种所有制在罗马人那里主要是由战争决定的，而在日耳曼人那里则是由畜牧业决定的。在古典古代民族中，一个城市里聚居着几个部落，因此部落所有制就具有国家所有制的形式，而个人的权利则局限于简单的占有，但是这种占有也和一般部落所有制一样，仅仅涉及地产。无论在古代或现代民族中，真正的私有制只是随着动产的出现才开始的。——（奴隶制和共同体）（古罗马公民的合法的所有权）[dominium ex jure Quiritum]。在起源于中世纪的民族那里，部落所有制经过了几个不同的阶段——封建地产，同业公会的动产，工场手工业资本——然后才变为由大工业和普遍竞争所引起的现代资本，即变为抛弃了共同体的一切外观并消除了国家对所有制发展的任何影响的纯粹私有制。②

---

① 中共中央马克思恩格斯列宁斯大林著作编译局. 马克思恩格斯文集：第1卷[M]. 北京：人民出版社，2009：582-583.

② 中共中央马克思恩格斯列宁斯大林著作编译局. 马克思恩格斯文集：第1卷[M]. 北京：人民出版社，2009：583.

现代国家是与这种现代私有制相适应的。现代国家由于税收而逐渐被私有者所操纵，由于国债而完全归他们掌握；现代国家的存在既然受到交易所内国家证券行市涨落的调节，所以它完全依赖于私有者即资产者提供给它的商业信贷。因为资产阶级已经是一个阶级，不再是一个等级了，所以它必须在全国范围内而不再是在一个地域内组织起来，并且必须使自己通常的利益具有一种普遍的形式。由于私有制摆脱了共同体，国家获得了和市民社会并列并且在市民社会之外的独立存在；实际上国家不外是资产者为了在国内外相互保障各自的财产和利益所必然要采取的一种组织形式。①

法学家们的这种错觉说明：在法学家们以及任何法典看来，各个人相互之间的关系，例如缔结契约这类事情，一般都是偶然的；他们认为这些关系可以随意建立或不建立，它们的内容完全依据缔约双方的个人意愿。

每当工业和商业的发展创造出新的交往形式，例如保险公司等，法便不得不承认它们都是获得财产的方式。②

---

① 中共中央马克思恩格斯列宁斯大林著作编译局．马克思恩格斯文集：第1卷[M]．北京：人民出版社，2009：583-584．
② 中共中央马克思恩格斯列宁斯大林著作编译局．马克思恩格斯文集：第1卷[M]．北京：人民出版社，2009：585-586．

《哲学的贫困》

【综合导读】

该书是马克思针对当时自称真正的社会主义者蒲鲁东《贫困的哲学》而创作的一部论辩性的政治著作，首次出版于1847年4月。该书对蒲鲁东的批判揭示了其经济学说的非科学性和反革命性，书中对价值和剩余价值的初步分析，为后来的《资本论》等著作奠定了理论基础。该书探讨了未来联合体，马克思认为在旧社会中，资产者为了实现自己的自由发展而牺牲了绝大多数人的发展利益，因此要"创造一个消除阶级和阶级对抗的联合体来代替旧的市民社会"，在自由人联合体中，"他们用公共的生产资料进行劳动，并且按照商定的计划，把他们许多个人劳动力当作一个社会劳动力来使用"。

【论述摘编】

劳动阶级在发展进程中将创造一个消除阶级和阶级对抗的联合体来代替旧的市民社会；从此再不会有原来意义的政权了。因为政权正是市民社会内部阶级对抗的正式表现。①

---

① 中共中央马克思恩格斯列宁斯大林著作编译局．马克思恩格斯文集：第1卷［M］．北京：人民出版社，2009：655.

消费所需要的各种不同产品的数量，每个物品和其他物品（各种不同劳动部门所需要的工人数目）所比较的相对价值，总之，凡和社会的生产和分配有关的一切事务，都由中央和地方贸易局（boards of trade）来确定。这种核算在整个民族中实行，就像在现存制度下在私人公司中实行一样，并不费什么时间，而且是轻而易举的……个人构成家族，家族构成乡镇，就像在现存制度下一样……城乡居民的分布不管有怎样的弊病，也不会马上取消……在这个联合体中，每个人继续享有任意积蓄和按照自己的愿望去使用这种储金的自由……我们的社会可说是由无数最小的股份公司（在这些最小的股份公司中，大家劳动、大家生产并且在最平等的基础上交换自己的产品）所构成的一个大股份公司……我们这种股份公司的新制度是为了过渡到共产主义而对现代社会的一种让步，它允许产品的个人所有制和生产力的公有制同时存在；这种新制度使每个人的命运取决于他本身的活动，并使人人均享自然和技术的成就所提供的一切利益。因此，这种制度可以适用于现在的社会，还可以准备它今后的变化。①

最后，让我们设想有一个自由人联合体，他们用公共的生产资料进行劳动，并且按照商定的计划，把他们许多个人劳动

① 中共中央马克思恩格斯列宁斯大林著作编译局. 马克思恩格斯全集：第 4 卷 [M]. 北京：人民出版社，1958：114.

力当作一个社会劳动力来使用。①

　　我们唯一要忠告蒲鲁东先生的，就是他在"进步的联合体的纲领"中不要忘记用 100 来除。但是很可惜！我们的忠告很难希望得到倾听，因为蒲鲁东先生如此醉心于他那种适合于"进步的联合体"的"进步的"计算，他甚至大声疾呼地喊道：

　　"我在第二章中讲到解决价值的矛盾时已经指出，每一种有用的发现给予发明者的利益（不论他怎么做）都比给予社会的利益少得不可比拟；在证明这一点方面，我已做到数学的严密性！"②

　　工人阶级在发展进程中将创造一个消除阶级和阶级对立的联合体来代替旧的资产阶级社会；从此再不会有任何原来意义的政权了。因为政权正是资产阶级社会内部阶级对立的正式表现。③

　　这两个彼此矛盾的思想的融合，就形成一个新的思想，即它们的合题。这个新的思想又分为两个彼此矛盾的思想，而这

---

① 中共中央马克思恩格斯列宁斯大林著作编译局 . 马克思恩格斯全集：第 49 卷 [M]. 北京：人民出版社，1982：194.

② 中共中央马克思恩格斯列宁斯大林著作编译局 . 马克思恩格斯全集：第 4 卷 [M]. 北京：人民出版社，1958：131-132.

③ 中共中央马克思恩格斯列宁斯大林著作编译局 . 马克思恩格斯全集：第 4 卷 [M]. 北京：人民出版社，1958：197.

两个思想又融合成新的合题。从这种生育过程中产生出思想群。同简单的范畴一样，思想群也遵循这个辩证运动，它也有一个矛盾的群作为反题。从这两个思想群中产生出新的思想群，即它们的合题。①

如果说，与黑格尔比较，他的长处是提出问题并且自愿为人类最大幸福而解决这些问题，那么，他也有一个短处：当他想通过辩证的生育过程生出一个新范畴时，却毫无所获。两个相互矛盾方面的共存、斗争以及融合成一个新范畴，就是辩证运动。谁要给自己提出消除坏的方面的问题，就是立即切断了辩证运动。我们看到的已经不是由于自己的矛盾本性而设定自己并自相对立的范畴，而是在范畴的两个方面中间转动、挣扎和冲撞的蒲鲁东先生。②

《论土地国有化》

【综合导读】

马克思写作该书的目的是批驳那些把土地国有化解释成纯粹资产阶级民主主义措施的改良主义者，阐明土地国有化的真

---

① 中共中央马克思恩格斯列宁斯大林著作编译局．马克思恩格斯文集：第1卷[M]．北京：人民出版社，2009：601.
② 中共中央马克思恩格斯列宁斯大林著作编译局．马克思恩格斯文集：第1卷[M]．北京：人民出版社，2009：605.

正意义，以及它在无产阶级革命中的重要性。该书提及联合体，讨论土地、生产资料对构建自由平等联合体的基础性作用，这对理解构建真正共同体（联合体）的本质和基础具有一定参考价值。

【论述摘编】

土地国有化将使劳动和资本之间的关系彻底改变，归根到底将完全消灭工业和农业中的资本主义生产方式。那时，阶级差别和特权将与它们赖以存在的经济基础一同消失。靠他人的劳动而生活将成为往事。同社会相对立的政府或国家将不复存在！农业、矿业、工业，总而言之，一切生产部门都将逐渐地用最合理的方式组织起来。生产资料的全国性的集中将成为由自由平等的生产者的联合体所构成的社会的全国性基础，这些生产者将按照共同的合理的计划自觉地从事社会劳动。这就是19世纪的伟大经济运动所引向的人道目标。①

《共产主义原理》

【综合导读】

该书是恩格斯为共产主义者同盟撰写的纲领草案，被视为

---

① 中共中央马克思恩格斯列宁斯大林著作编译局. 马克思恩格斯全集：第18卷 [M]. 北京：人民出版社，1964：67.

《共产党宣言》的重要理论准备。该书通过对资本主义大工业内在矛盾的分析，论证了资本主义为共产主义代替的历史必然性。该书主要从生产力的视角探讨共同体，认为要"利用生产力""使国家的生产力大大增长"，这样才能满足全体成员需要的规模、彻底消灭阶级和阶级对立、消除旧的分工，使社会全体成员的才能得到全面的发展，构建新的联合体（共同体）。

【论述摘编】

由此可见，城市和乡村之间的对立也将消失。从事农业和工业劳动的将是同样的一些人，而不再是两个不同的阶级。单从物质方面的原因来看，这已经是共产主义联合体的必要条件了。乡村农业人口的分散和大城市工业人口的集中只是工农业发展水平还不够高的表现，它是进一步发展的阻碍，这种阻碍在目前已经深深地感到了。①

由社会全体成员组成的共同联合体来共同而有计划地尽量利用生产力；把生产发展到能够满足全体成员需要的规模；消灭牺牲一些人的利益来满足另一些人的需要的情况；彻底消灭阶级和阶级对立；通过消除旧的分工，进行生产教育、变换工种、共同享受大家创造出来的福利，以及城乡的融合，使社会全体成员的才能得到全面的发展；——这一切都将是废除私有

① 中共中央马克思恩格斯列宁斯大林著作编译局. 马克思恩格斯全集：第4卷［M］. 北京：人民出版社，1958：371.

制的最主要的结果。①

　　无产阶级的劳动将使国家的生产力大大增长，随着这种增长，这些措施实现的可能性和由此而来的集中化程度也将相应地增长。最后，当全部资本、全部生产和全部交换都集中在国家手里的时候，私有制将自行灭亡，金钱将变成无用之物，生产将大大增加，人将大大改变，以致连旧社会最后的各种交往形式也能够消失。②

《共产主义信条草案》

【综合导读】

　　该文是在 1847 年 6 月 29 日共产主义者同盟第一次代表大会上讨论形成。这次大会在伦敦召开，标志着正义者同盟改名为共产主义者同盟，并更改了原有的口号，从"人人皆兄弟"变为更具阶级性的"全世界无产者，联合起来！"。该文从公有制的视角探讨民族融合和无产阶级融合问题，认为民族融合与共产主义的目标是一致的，共产主义旨在建立一个无阶级、无

---

① 中共中央马克思恩格斯列宁斯大林著作编译局 . 马克思恩格斯全集：第 4 卷 [M]. 北京：人民出版社，1958：371.

② 中共中央马克思恩格斯列宁斯大林著作编译局 . 马克思恩格斯文集：第 1 卷 [M]. 北京：人民出版社，2009：687.

民族差别的社会，在公有制原则下，各个民族的民族特点将由于这种结合而必然地融合在一起，从而自行消失。

【论述摘编】

按照公有制原则结合起来的各个民族的民族特点，由于这种结合而必然融合在一起，从而也就自行消失，正如各种不同的等级差别和阶级差别由于废除了它们的基础——私有制——而消失一样。①

《共产党宣言》

【综合导读】

该书是马克思主义理论的一部核心著作，由马克思和恩格斯共同撰写。这部宣言是无产阶级政党的基本纲领和行动指南，为国际共产主义运动提供了重要的理论基础，标志着马克思主义的诞生。该书剖析了资本主义社会的本质和矛盾，揭示了资本主义制度下的剥削和阶级斗争，无产阶级作为资本主义制度的掘墓人，将肩负起推翻资产阶级统治、建立无产阶级专政的历史使命。《共产党宣言》提出了一个重要的概念——"自由人的联合体"，在这个联合体中，每个人的自由发展是一

---

① 中共中央马克思恩格斯列宁斯大林著作编译局 . 马克思恩格斯全集：第 42 卷［M］. 北京：人民出版社，1979：380.

切人自由发展的条件，它代表了全人类共同利益的理想社会，指明了实现"自由人的联合体"的前提条件是生产和交往的高度发展，阐明实现联合体的途径需要由无产阶级的革命斗争来推翻资产阶级的统治，建立无产阶级专政。

【论述摘编】

一个幽灵，共产主义的幽灵，在欧洲游荡。为了对这个幽灵进行神圣的围剿，旧欧洲的一切势力，教皇和沙皇、梅特涅和基佐、法国的激进派和德国的警察，都联合起来了。①

在这个阶段上，工人是分散在全国各地并为竞争所分裂的群众。工人的大规模集结，还不是他们自己联合的结果，而是资产阶级联合的结果，当时资产阶级为了达到自己的政治目的必须而且暂时还能够把整个无产阶级发动起来。因此，在这个阶段上，无产者不是同自己的敌人做斗争，而是同自己的敌人的敌人做斗争，即同专制君主制的残余、地主、非工业资产者和小资产者做斗争。因此，整个历史运动都集中在资产阶级手里；在这种条件下取得的每一个胜利都是资产阶级的胜利。②

---

① 中共中央马克思恩格斯列宁斯大林著作编译局. 马克思恩格斯文集：第 2 卷[M]. 北京：人民出版社，2009：30.
② 中共中央马克思恩格斯列宁斯大林著作编译局. 马克思恩格斯文集：第 2 卷[M]. 北京：人民出版社，2009：39-40.

资产者彼此间日益加剧的竞争以及由此引起的商业危机，使工人的工资越来越不稳定；机器的日益迅速的和继续不断的改良，使工人的整个生活地位越来越没有保障；单个工人和单个资产者之间的冲突越来越具有两个阶级的冲突的性质。工人开始成立反对资产者的同盟；他们联合起来保卫自己的工资。他们甚至建立了经常性的团体，以便为可能发生的反抗准备食品。有些地方，斗争爆发为起义。①

工人有时也得到胜利，但这种胜利只是暂时的。他们斗争的真正成果并不是直接取得的成功，而是工人的越来越扩大的联合。这种联合由于大工业所造成的日益发达的交通工具而得到发展，这种交通工具把各地的工人彼此联系起来。只要有了这种联系，就能把许多性质相同的地方性的斗争汇合成全国性的斗争，汇合成阶级斗争。而一切阶级斗争都是政治斗争。中世纪的市民靠乡间小道需要几百年才能达到的联合，现代的无产者利用铁路只要几年就可以达到了。②

资产阶级生存和统治的根本条件，是财富在私人手里的积累，是资本的形成和增殖；资本的条件是雇佣劳动。雇佣劳动完全是建立在工人的自相竞争之上的。资产阶级无意中造成而

① 中共中央马克思恩格斯列宁斯大林著作编译局．马克思恩格斯文集：第2卷 [M]．北京：人民出版社，2009：40.
② 中共中央马克思恩格斯列宁斯大林著作编译局．马克思恩格斯文集：第2卷 [M]．北京：人民出版社，2009：40.

又无力抵抗的工业进步，使工人通过结社而达到的革命联合代
替了他们由于竞争而造成的分散状态。①

　　无产阶级的统治将使它们更快地消失。联合的行动，至少
是各文明国家的联合的行动，是无产阶级获得解放的首要条件
之一。
　　人对人的剥削一消灭，民族对民族的剥削就会随之消灭。
　　民族内部的阶级对立一消失，民族之间的敌对关系就会随
之消失。
　　从宗教的、哲学的和一切意识形态的观点对共产主义提出
的种种责难，都不值得详细讨论了。②

　　代替那存在着阶级和阶级对立的资产阶级旧社会的，将是
这样一个联合体，在那里，每个人的自由发展是一切人的自由
发展的条件。③

　　原来意义上的政治权力，是一个阶级用以压迫另一个阶级
的有组织的暴力。如果说无产阶级在反对资产阶级的斗争中一

---

① 中共中央马克思恩格斯列宁斯大林著作编译局 . 马克思恩格斯文集：第 2 卷
［M］. 北京：人民出版社，2009：43.
② 中共中央马克思恩格斯列宁斯大林著作编译局 . 马克思恩格斯文集：第 2 卷
［M］. 北京：人民出版社，2009：50.
③ 中共中央马克思恩格斯列宁斯大林著作编译局 . 马克思恩格斯文集：第 2 卷
［M］. 北京：人民出版社，2009：53.

定要联合为阶级，通过革命使自己成为统治阶级，并以统治阶级的资格用暴力消灭旧的生产关系，那么它在消灭这种生产关系的同时，也就消灭了阶级对立的存在条件，消灭了阶级本身的存在条件，从而消灭了它自己这个阶级的统治。①

共产党人不屑于隐瞒自己的观点和意图。他们公开宣布：他们的目的只有用暴力推翻全部现存的社会制度才能达到。让统治阶级在共产主义革命面前发抖吧。无产者在这个革命中失去的只是锁链。他们获得的将是整个世界。

全世界无产者，联合起来！②

《德国的革命和反革命》

【综合导读】

恩格斯于1851年撰写该书，该书不仅记录了1848—1849年德国革命的历史进程，还深入分析了革命的原因、动力和结果，对后来的马克思主义理论和实践产生了深远影响。该书分析了小资产阶级的动摇性和短见，这种弊端也同样体现在联合体上，即小手工业者始终被封闭在中世纪的行会中，虽然具有

---

① 中共中央马克思恩格斯列宁斯大林著作编译局. 马克思恩格斯文集：第2卷［M］. 北京：人民出版社，2009：53.
② 中共中央马克思恩格斯列宁斯大林著作编译局. 马克思恩格斯文集：第2卷［M］. 北京：人民出版社，2009：66.

一定的稳定性，但不利于工人阶级地位的提高。

【论述摘编】

小手工业者被封闭在中世纪行会的狭窄框框内，这种行会使各个行业彼此不断地为争夺特权而斗争，同时它们使工人阶级的各个成员几乎没有任何可能提高自己的社会地位，从而使这些强制性的联合体的成员具有一种世袭的稳定性。[①]

然而，在现代生产方法占优势的工业区域的影响之下，由于交往便利，由于许多工人迁徙不定的生活使他们的智力有了发展，于是便形成了一个强有力的核心，这个核心关于本阶级解放的思想更加明确得多，而且更加符合现存的事实和历史的需要；但这些工人只是少数。[②]

《路易·波拿巴的雾月十八日》

【综合导读】

马克思写于 1852 年，该书对法国从 1848 年二月革命到

---

① 中共中央马克思恩格斯列宁斯大林著作编译局．马克思恩格斯文集：第 2 卷 [M]．北京：人民出版社，2009：377．

② 中共中央马克思恩格斯列宁斯大林著作编译局．马克思恩格斯文集：第 2 卷 [M]．北京：人民出版社，2009：357．

1851年路易·波拿巴成功通过政变上台的整个历史事件，进行了生动的描述和深入分析。该书认为，人数众多的小农是无产阶级革命中必须重视的力量，但是由于他们的生活方式是以相互分离和隔离为前提，导致他们之间形成的是一个个相对封闭独立的共同体。这种封闭性导致他们之间不能形成统一的行动，不能意识到自己真正的利益所在，反而依靠想象将自身共同体的希望寄托在一个英雄式的人物之上。在这本著作中，马克思更深刻地分析了在复杂的历史情势下，各阶级共同体的意识形态问题。

【论述摘编】

小农人数众多，他们的生活条件相同，但是彼此间并没有发生多种多样的关系。他们的生产方式不是使他们互相交往，而是使他们互相隔离。这种隔离状态由于法国的交通不便和农民的贫困而更为加强了。他们进行生产的地盘，即小块土地，不容许在耕作时进行分工，应用科学，因而也就没有多种多样的发展，没有各种不同的才能，没有丰富的社会关系。每一个农户差不多都是自给自足的，都是直接生产自己的大部分消费品，因而他们取得生活资料多半是靠与自然交换，而不是靠与社会交往。一小块土地，一个农民和一个家庭；旁边是另一小块土地，另一个农民和另一个家庭。一批这样的单位就形成一个村子；一批这样的村子就形成一个省。这样，法国国民的广大群众，便是由一些同名数简单相加而形成的，就像一袋马铃薯是由袋中的一个个马铃薯汇集而成的那样。数百万家庭的经济生活条件使他们的生活方式、利益和教育程度与其他阶级的生活方式、利益和教育程度各不相同并互相敌对，就这一点而言，他们是一个阶级。而各个小农彼此间只存在地域的联系，他们利益的同一性并不使他们彼此间形成共同关系，形成全国性的联系，形成政治组织，就这一点而言，他们又不是一个阶级。因此，他们不能以自己的名义来保护自己的阶级利益，无论是通过议会或通过国民公会。他们不能代表自己，一定要别人来代表他们。他们的代表一定要同时是他们的主宰，是高高站在他们上面的权威，是不受限制的政府权力，这种权力保护他们不受其他阶级侵犯，并从上面赐给他们雨水和阳光。所以，归根到底，小农的政治影响表现为行政权支配社会。①

《不列颠在印度统治的未来结果》

【综合导读】

该书是马克思在 1853 年所著的一本书，探讨了英国在印度统治所产生的影响以及未来可能的结果。该书既揭示了殖民统治的残酷性和掠夺性，也指出了其在客观上促进印度社会进步的可能性。从生产力的视角讲，蒸汽机等先进生产力有利于

---

① 中共中央马克思恩格斯列宁斯大林著作编译局. 马克思恩格斯文集：第 2 卷 [M]. 北京：人民出版社，2009：566-567.

打破印度内部孤立封闭的状态和自给自足的惰性，有助于消除对印度进步和强盛具有阻碍作用的种姓制度，也促进了印度内部以及印度和世界其他地区的交往交流。可见，生产力发展对民族和地区生产方式、交往方式变革的决定性作用。

【论述摘编】

蒸汽机使印度能够同欧洲经常地、迅速地交往，把印度的主要港口同整个东南海洋上的港口联系起来，使印度摆脱了孤立状态，而孤立状态是它过去处于停滞状态的主要原因。在不远的将来，铁路加上轮船，将使英国和印度之间的距离以时间计算缩短为八天，而这个一度是神话中的国度就将同西方世界实际地联结在一起。[①]

我们知道，农村公社的自治制组织和经济基础已经被破坏了，但是，农村公社的最坏的一个特点，即社会分解为许多固定不变、互不联系的原子的现象，却残留下来。村庄的孤立状态在印度造成了道路的缺少，而道路的缺少又使村庄的孤立状态长久存在下去。在这种情况下，公社就一直处在既有的很低的生活水平上，同其他村庄几乎没有来往，没有推动社会进步所必需的愿望和行动。现在，不列颠人把村庄的这种自给自足

---

① 中共中央马克思恩格斯列宁斯大林著作编译局. 马克思恩格斯文集：第 2 卷 [M]. 北京：人民出版社，2009：686-687.

的惰性打破了，铁路将造成互相交往和来往的新的需要。①

资产阶级历史时期负有为新世界创造物质基础的使命：一方面要造成以全人类互相依赖为基础的普遍交往，以及进行这种交往的工具；另一方面要发展人的生产力，把物质生产变成对自然力的科学支配。资产阶级的工业和商业正为新世界创造这些物质条件，正像地质变革创造了地球表层一样。只有在伟大的社会革命支配了资产阶级时代的成果，支配了世界市场和现代生产力，并且使这一切都服从于最先进的民族的共同监督的时候，人类的进步才会不再像可怕的异教神怪那样，只有用被杀害者的头颅做酒杯才能喝下甜美的酒浆。②

《路德维希·费尔巴哈和德国古典哲学的终结》

【综合导读】

该书是 1886 年恩格斯为论述马克思主义哲学同德国古典哲学的关系，以及系统阐述马克思主义哲学的基本原理而作，是研究马克思主义哲学的一部重要著作。该书有助于我们理解

---

① 中共中央马克思恩格斯列宁斯大林著作编译局．马克思恩格斯文集：第 2 卷 [M]．北京：人民出版社，2009：688.
② 中共中央马克思恩格斯列宁斯大林著作编译局．马克思恩格斯文集：第 2 卷 [M]．北京：人民出版社，2009：691.

物质生产的发展与交往方式的变革等内在的关系，物质生产是社会存在和发展的基础，而交往则是物质生产得以进行的必要条件。

【论述摘编】

同他人交往时表现纯粹人类感情的可能性，今天已经被我们不得不生活于其中的、以阶级对立和阶级统治为基础的社会破坏得差不多了。我们没有理由把这种感情尊崇为宗教，从而更多地破坏这种可能性。①

但是，既然甚至在拥有巨量生产资料和交往手段的现代，国家都不是一个具有独立发展的独立领域，而它的存在和发展归根到底都应该从社会的经济生活条件中得到解释，那么，以前的一切时代就必然更是这样了，那时人们物质生活的生产还没有使用这样丰富的辅助手段来进行，因而这种生产的必要性必不可免地在更大程度上支配着人们。②

---

① 中共中央马克思恩格斯列宁斯大林著作编译局. 马克思恩格斯文集：第4卷 [M]. 北京：人民出版社，2009：289.
② 中共中央马克思恩格斯列宁斯大林著作编译局. 马克思恩格斯文集：第4卷 [M]. 北京：人民出版社，2009：306.

《诗歌和散文中的德国社会主义》

【综合导读】

该文是恩格斯在 1846 年年底至 1847 年年初撰写的一篇文艺论文。该文对共同体的论述很少，但所提及的一处反映了共同体思想在马克思和恩格斯的青年时期就很受重视。

【论述摘编】

不过格律恩先生还没有完全忘记他从《德法年鉴》和其他同一倾向的著作中所学到的东西。例如，在第 210 页上他给当时的法国的自由下了一个定义，说它是"摆脱不自由的（！）普遍的（！！）本质（！！！）"。这个怪物显然是在把《德法年鉴》第 204 和 205 页翻译成现代德国社会主义者的习惯用语时，从这几页上的"共同体"这一字产生出来的。①

---

① 中共中央马克思恩格斯列宁斯大林著作编译局．马克思恩格斯全集：第 4 卷 [M]．北京：人民出版社，1958：251-252.

《共产主义者和卡尔·海因岑》

【综合导读】

该文是恩格斯撰写的一篇文章，主要针对卡尔·海因岑对共产主义的攻击和误解进行驳斥和澄清。该文主要从公有制的视角来探讨共同体问题，通过生产资料的公有制和财富的公平分配，可以建立更合理的经济秩序，构建共同体。

【论述摘编】

共产主义把个人和他获得的私有财产——这个个人不可缺少的特征或基础——（这个"或"字真是妙极了！）用来祭祀共同体或社会（这不也是施蒂纳的话吗?），而对每个个人来说，共同体可以而且应该（应该!!）是手段，而不是目的。①

《社会主义民主同盟和国际工人协会》

【综合导读】

该文是马克思和恩格斯在 1873 年根据国际海牙代表大会

---

① 中共中央马克思恩格斯列宁斯大林著作编译局. 马克思恩格斯全集：第4卷
[M]. 北京：人民出版社，1958：313.

的决定公布的报告和文件写成的，旨在批判巴枯宁的无政府主义思想，并总结第一国际在理论上和组织上与巴枯宁斗争的情况和经验。该文在《国际社会主义民主同盟纲领》中提到"工农业自由协作社的普遍联合体"。

【论述摘编】

同盟认为，现存的一切政治的和权威主义的国家，正在越来越把自己的职能缩小为管理本国公益事业的简单行政机关的职能，这些国家必将在工农业自由协作社的普遍联合体中消失。[①]

《反杜林论》

【综合导读】

该书是恩格斯受马克思所托创作的，其主要创作目的是批判欧根·杜林在哲学、经济学和社会主义领域所宣扬的错误观点，并反之第一次系统地阐述了马克思主义的基本理论。在该书中，作者更详细地阐释了"自由人的联合体"概念，在自由人的联合体中，每个人都将在自由而全面发展的前提下，形成和谐的社会关系，因此社会也将形成一个自由、平等、和谐的

---

① 中共中央马克思恩格斯列宁斯大林著作编译局. 马克思恩格斯全集：第18卷［M］. 北京：人民出版社，1964：513.

共同体（联合体），并且，在此基础上人们将充分地认识自然规律，并通过有目的、有意识的劳动实践活动消除人与自然的对立，实现人与自然的和谐共生，真正实现人类与自然的和解。

【论述摘编】

为了使甚至六岁的儿童也能明白这一点，马克思在第56页设想了一个"自由人联合体，他们用公共的生产资料进行劳动，并且自觉地把他们许多个人劳动力当作一个社会劳动力来使用"，也就是设想了一个按社会主义原则组织起来的联合体，并且说："这个联合体的总产品是社会的产品。这些产品的一部分重新用作生产资料。这一部分依旧是社会的。而另一部分则作为生活资料由联合体成员消费。因此，这一部分要在他们之间进行分配。"这些话甚至对杜林先生的黑格尔化的头脑来说，也是足够清楚的。①

经济公社本身首先是"具有人类历史意义的广泛的模式"，远远地超越于例如一个叫作马克思的人的"陷入迷途的不彻底性"。它是"人们的共同体，这些人由支配一个区域的土地和一批生产企业的公共权利相互联合起来，共同行动，共同分配收入"。公共权利是"对自然界和生产设备的纯粹公共的关系

① 中共中央马克思恩格斯列宁斯大林著作编译局．马克思恩格斯全集：第20卷［M］．北京：人民出版社，1971：143-144.

这种意义上的……对物的权利"。①

如果生产商品的社会把商品本身所固有的价值形式进一步发展为货币形式，那么还隐藏在价值中的各种萌芽就显露出来了。最先的和最重要的结果是商品形式的普遍化。甚至以前直接为自己消费而生产出来的物品，也被货币强加上商品的形式而卷入交换之中。于是商品形式和货币就侵入那些为生产而直接结合成社会的共同体内部的经济生活中，它们逐一破坏这个共同体的各种纽带，把它分解为一群群私人生产者。最初，正如在印度所看到的，货币使个人的耕种代替了共同的耕种；后来，货币以耕地的最终分割取消了还实行定期重分办法的耕地公有制（例如在摩泽尔流域的农户公社中，在俄国公社中也开始出现）；最后，货币促成了余留下来的公共的森林和牧场的分配。无论促进这一过程的还有什么其他基于生产发展的原因，货币始终是这些原因借以对共同体发生作用的最有力的手段。如果杜林的经济公社能实现的话，货币也必将以同样的自然必然性，不顾一切"法律和行政规范"而使它解体。②

另一方面，也不能不要求废除封建特惠、贵族免税权以及

---

① 中共中央马克思恩格斯列宁斯大林著作编译局．马克思恩格斯全集：第20卷［M］．北京：人民出版社，1971：312.

② 中共中央马克思恩格斯列宁斯大林著作编译局．马克思恩格斯文集：第9卷［M］．北京：人民出版社，2009：328.

个别等级的政治特权。由于人们不再生活在像罗马帝国那样的世界帝国中，而是生活在那些相互平等地交往并且处在差不多相同的资产阶级发展阶段的独立国家所组成的体系中，所以这种要求就很自然地获得了普遍的、超出个别国家范围的性质，而自由和平等也很自然地被宣布为人权。①

但是，某种生产方式和交换方式越是活跃，越是具有成长和发展的能力，分配也就越快地达到超过它的母体的阶段，达到同当时的生产方式和交换方式发生冲突的阶段。前面已经说过的古代自然形成的公社，在同外界的交往使它们内部产生财产上的差别从而发生解体以前，可以存在几千年，例如在印度人和斯拉夫人那里直到现在还是这样。②

古代的公社，在它们继续存在的地方，从印度到俄国，在数千年中曾经是最野蛮的国家形式即东方专制制度的基础。只是在公社瓦解的地方，各民族才靠自身的力量继续向前迈进，它们最初的经济进步就在于借助奴隶劳动来提高和进一步发展生产。有一点是清楚的：当人的劳动的生产率还非常低，除了必要生活资料只能提供很少的剩余的时候，生产力的提高、交往的扩大、国家和法的发展、艺术和科学的创立，都只有通过

---

① 中共中央马克思恩格斯列宁斯大林著作编译局.马克思恩格斯文集：第9卷[M].北京：人民出版社，2009：111-112.
② 中共中央马克思恩格斯列宁斯大林著作编译局.马克思恩格斯文集：第9卷[M].北京：人民出版社，2009：155.

更大的分工才有可能，这种分工的基础是从事单纯体力劳动的群众同管理劳动、经营商业和掌管国事以及后来从事艺术和科学的少数特权分子之间的大分工。这种分工的最简单的完全自发的形式，正是奴隶制。①

至于语文学，正在成长的未来公民大可不必为此伤脑筋。

"死的语言完全被摒弃……但是活的外国语将……仍然是次要的东西。"只有在各民族之间的交往扩展成为人民群众本身的运动的地方，外国语才能按照需要，以容易的方式，为每一个人所接受。"真正有教益的语言教育"，将从某种一般语法中找到，特别是从"本族语言的质料和形式"中找到。

在杜林先生看来，现代人的民族狭隘性还是过于世界化了。他还想消灭在目前的世界上至少有可能使人超越狭隘的民族观点的两种杠杆，一个是至少为各民族中受过古典教育的人展现一个共同的广阔视野的古代语言知识，一个是可以使各国人民相互了解并熟悉本国以外所发生的事情的现代语言知识。②

---

① 中共中央马克思恩格斯列宁斯大林著作编译局 . 马克思恩格斯文集：第 9 卷 [M]. 北京：人民出版社，2009：189.

② 中共中央马克思恩格斯列宁斯大林著作编译局 . 马克思恩格斯文集：第 9 卷 [M]. 北京：人民出版社，2009：337-338.

《自然辩证法》

【综合导读】

《自然辩证法》是恩格斯撰写的一部未完成的手稿，撰写时间为 1873—1882 年。该书是他研究自然界和自然科学的辩证法问题的重要著作。该书将自然科学中的非"人"事物的结合也称为"联合体"，可见，联合体并非只限定在人与人之间的联合。

【论述摘编】

最后，臭氧和过氧化氢仅仅能解释氧（如果我们撇开电流回逆不管，在电流回逆的情况下两种气体会在同一个电极上相遇），并不能解释氢。然而，氢在"活性的"状态中也逸出，例如，在铂极之间有硝酸钾溶液的联合体中，氢就和由酸中放出的氮直接化合为氯。①

如果说，铂在这个联合体中根本不以激发生电的方式起作用，那么，这是说出了一个简单的事实。如果说，它的确以激发生电的方式起作用，但是在两个相反的方向上以同样的强度

---

① 中共中央马克思恩格斯列宁斯大林著作编译局. 马克思恩格斯全集：第 20 卷 [M]. 北京：人民出版社，1971：491.

起作用，以致它的作用对消掉了，那么，这仅仅是为了要给"电动力"留点面子而把事实变为假说。在两种情况下，铂都不过是个无足轻重的角色。①

两极化。在雅·格林看来，下述论点是确定的：一种德意志方言不是高地德语，就必定是低地德语。同时，法兰克方言在他看来是完全消失了。因为加洛林王朝末期的书面的法兰克语是高地德语（因为高地德语的辅音音变波及法兰克的东南地区），所以按照他的看法，法兰克语在一些地方已经融合在古高地德语中，而在另一些地方已经融合在法兰西语中。但是这种说法仍然完全没有讲清楚尼德兰语究竟是从什么地方传到古萨利克语区的。只是在格林死后法兰克语才重新被发现：萨利克语经过革新成为尼德兰语，里普利安语经过革新成为中莱茵和下莱茵的方言，这些方言有一部分以不同的程度转变为高地德语，有一部分依然是低地德语，所以法兰克语是一种既是高地德意志的又是低地德意志的方言。②

---

① 中共中央马克思恩格斯列宁斯大林著作编译局．马克思恩格斯全集：第20卷［M］．北京：人民出版社，1971：501．
② 中共中央马克思恩格斯列宁斯大林著作编译局．马克思恩格斯文集：第9卷［M］．北京：人民出版社，2009：473-474．

《"法兰西内战"一书导言》

【综合导读】

《法兰西内战》是马克思早年用历史唯物主义的观点分析法国革命的一部重要著作。《"法兰西内战"一书导言》（以下简称《导言》）是恩格斯晚年受托为向大众和革命者推荐阅读马克思的《法兰西内战》一书所作。恩格斯在导言中对《法兰西内战》一书以及马克思关于普法战争的两篇宣言给予了高度评价。他指出，这本书是马克思对巴黎公社经验的深刻总结，对于无产阶级革命具有重大的指导意义。恩格斯在《导言》中指出，应建立以工人的联合为基础的联合体，并由此结成一个"大的联盟"，进而才能保证无产阶级革命胜利，从而实现共产主义。

【论述摘编】

但是，在 1871 年，大工业甚至在手工艺品生产中心的巴黎，也已经不是什么特殊现象了，所以公社最重要的法令规定要组织大工业以至工场手工业，这种组织不但应该在每一个工厂内以工人的联合为基础，而且应该把这一切联合体结成一个大的联盟；简言之，这种组织，正如马克思在"内战"中完全正确地指出的，归根到底必然要导致共产主义，即导致与蒲鲁东学说正相反的方面。①

《资本论》

【综合导读】

　　《资本论》是马克思的杰作，全书共三卷，以剩余价值为中心，对资本主义进行了釜底抽薪的批判。在该巨著中关于共同体的论述十分丰富，其一，商品对古代共同体的影响，作者认为商品经济越是发达，古代的共同体越是没落，因此，"商品交换是在共同体的尽头，在它们与别的共同体或其成员接触的地方开始的"。其二，货币共同体和资本共同体。货币作为财富的一般代表，通过交换关系把尽可能多的个人卷入交换的过程中，形成了一种抽象的联合形式——货币共同体；与货币共同体一样，资本共同体也不是个人的真正的联合，它是工人为了生存而出卖自己的劳动力，不得不围绕在资本周围而形成的某种生产功能的联合。这些共同体并不是为了实现共同利益而形成，而是为了实现个人的特殊利益或满足资本增殖的需要而形成，因此在一定程度上讲，属于"虚幻的共同体"。总之，围绕商品、商品的价值和交换价值来讨论共同体，一是资本主义经济发展对旧有的共同体的消解；二是揭露资本主义社会共

---

①　中共中央马克思恩格斯列宁斯大林著作编译局 . 马克思恩格斯全集：第22卷 ［M］. 北京：人民出版社，1965：226.

同体的虚幻性或虚伪性。

【论述摘编】

最后，让我们换一个方面，设想有一个自由人联合体，他们用公共的生产资料进行劳动，并且自觉地把他们许多个人劳动力当作一个社会劳动力来使用。在那里，鲁滨逊的劳动的一切规定又重演了，不过不是在个人身上，而是在社会范围内重演。鲁滨逊的一切产品只是他个人的产品，因而直接是他的使用物品。这个联合体的总产品是社会的产品。这些产品的一部分重新用作生产资料。这一部分依旧是社会的。而另一部分则作为生活资料由联合体成员消费。因此，这一部分要在他们之间进行分配。这种分配的方式会随着社会生产机体本身的特殊方式和随着生产者的相应的历史发展程度而改变。①

起初，马车工场手工业是作为独立手工业的结合出现的。以后，马车生产逐渐地分成了各种特殊的操作，其中每一种操作都形成为一个工人的专门职能，全部操作由这些局部工人联合体来完成。同样，织物工场手工业以及一系列其他工场手工业，也是由不同的手工业在同一个资本的指挥下结合起来而产

---

① 中共中央马克思恩格斯列宁斯大林著作编译局. 马克思恩格斯全集：第23卷 [M]. 北京：人民出版社，1972：95.

生的。①

商品从一个要完成许多种操作的独立手工业者的个人产品，变成了不断地只完成同一种局部操作的各个手工业者的联合体的社会产品。一个德国的行会造纸匠要依次完成的、互相连接的那些操作，在荷兰的造纸手工工场里独立化为许多协作工人同时进行的局部操作。②

在古亚细亚的、古希腊罗马的等生产方式下，产品变为商品、从而人作为商品生产者而存在的现象，处于从属地位，但是共同体越是走向没落阶段，这种现象就越是重要。③

我们彼此只是作为交换价值发生关系。现在，让我们听听经济学家是怎样说出商品内心的话的：

"价值（交换价值）是物的属性，财富（使用价值）是人的属性。从这个意义上说，价值必然包含交换，财富则不然。""财富（使用价值）是人的属性，价值是商品的属性。人或共同体是富的；珍珠或金刚石是有价值的……珍珠或金刚石作为

---

① 中共中央马克思恩格斯列宁斯大林著作编译局．马克思恩格斯全集：第23卷［M］．北京：人民出版社，1972：374.
② 中共中央马克思恩格斯列宁斯大林著作编译局．马克思恩格斯全集：第23卷［M］．北京：人民出版社，1972：375.
③ 中共中央马克思恩格斯列宁斯大林著作编译局．马克思恩格斯全集：第23卷［M］．北京：人民出版社，1972：96.

珍珠或金刚石是有价值的。"①

为使让渡成为相互的让渡，人们只需默默地彼此当作被让渡的物的私有者，从而彼此当作独立的人相对立就行了。然而这种彼此当作外人看待的关系在原始共同体的成员之间并不存在，不管这种共同体的形式是家长制家庭，古代印度公社，还是印加国，等等。商品交换是在共同体的尽头，在它们与别的共同体或其成员接触的地方开始的。但是物一旦对外成为商品，由于反作用，它们在共同体内部也成为商品。它们交换的量的比例起初完全是偶然的。它们能够交换，是由于它们的所有者彼此愿意把它们让渡出去的意志行为。②

工人自己的合作工厂，是在旧形式内对旧形式打开的第一个缺口，虽然它在自己的实际组织中，当然到处都再生产出并且必然会再生产出现存制度的一切缺点。但是，资本和劳动之间的对立在这种工厂内已经被扬弃，虽然起初只是在下述形式上被扬弃，即工人作为联合体是他们自己的资本家，也就是说，他们利用生产资料来使他们自己的劳动增殖。③

---

① 中共中央马克思恩格斯列宁斯大林著作编译局. 马克思恩格斯全集：第23卷［M］. 北京：人民出版社，1972：100.

② 中共中央马克思恩格斯列宁斯大林著作编译局. 马克思恩格斯全集：第23卷［M］. 北京：人民出版社，1972：105-106.

③ 中共中央马克思恩格斯列宁斯大林著作编译局. 马克思恩格斯全集：第25卷［M］. 北京：人民出版社，1974：497-498.

我以前已经指出，货币制度总的说来最初是在不同共同体之间的产品交换中发展起来的。①

作为商品进入流通的产品，不论是在什么生产方式的基础上生产出来的——不论是在原始共同体的基础上，还是在奴隶生产的基础上，还是在小农民和小市民的生产的基础上，还是在资本主义生产的基础上生产出来的——都不会改变自己作为商品的性质；作为商品，它们都要经历交换过程和随之发生的形态变化。②

在奴隶关系、农奴关系、贡赋关系（指原始共同体时的贡赋关系）下，只有奴隶主、封建主、接受贡物的国家，才是产品的所有者，因而才是产品的出售者。③

商人资本的独立发展与资本主义生产的发展程度成反比例这个规律，在例如威尼斯人、热那亚人、荷兰人等经营的转运贸易（carrying trade）的历史上表现得最为明显，在这种贸易上，主要利润的获取不是靠输出本国产品，而是靠对商业和一

---

① 中共中央马克思恩格斯列宁斯大林著作编译局．马克思恩格斯全集：第25卷［M］．北京：人民出版社，1974：354.

② 中共中央马克思恩格斯列宁斯大林著作编译局．马克思恩格斯全集：第25卷［M］．北京：人民出版社，1974：363.

③ 中共中央马克思恩格斯列宁斯大林著作编译局．马克思恩格斯全集：第25卷［M］．北京：人民出版社，1974：364.

般经济都不发达的共同体的产品交换起中介作用，靠对两个生产国家进行剥削。①

　　在资本主义社会以前的阶段中，商业支配着产业；在现代社会里，情况正好相反。当然，商业对于那些互相进行贸易的共同体来说，会或多或少地发生反作用；它会使生产日益从属于交换价值，因为它会使享受和生活日益依赖于出售，而不是依赖于产品的直接消费。它由此使旧的关系解体。它增进了货币流通。它已经不再是仅仅攫取生产的余额，而且是逐渐地侵蚀生产本身，使整个生产部门依附于它。不过，这种解体作用，在很大程度上取决于从事生产的共同体的性质。②

　　只要商业资本是对不发达的共同体的产品交换起中介作用，商业利润就不仅表现为侵占和欺诈，而且大部分是从侵占和欺诈中产生的。撇开商业资本榨取不同国家的生产价格之间的差额（就这方面来说，它促使商品价值均等化和使之确定下来）不说，上述这些生产方式造成了如下结果：商人资本占据了剩余产品的绝大部分，这一方面缘于商人资本充当各个共同体之间的中介，这些共同体基本上还是生产使用价值，对于它们的经济组织来说，大体说来进入流通的那部分产品的出售，

①　中共中央马克思恩格斯列宁斯大林著作编译局．马克思恩格斯全集：第25卷［M］．北京：人民出版社，1974：367．
②　中共中央马克思恩格斯列宁斯大林著作编译局．马克思恩格斯全集：第25卷［M］．北京：人民出版社，1974：369．

也就是大体说来产品按照其价值的出售，还居于次要的地位。①

土地所有者可以是代表共同体的个人，如在亚洲、埃及等地那样；这种土地所有权也可以只是某些人对直接生产者人格的所有权的附属品，如在奴隶制度或农奴制度下那样；它又可以是非生产者对自然的单纯私有权，是单纯的土地所有权。②

产品的出售，一般说来，也就是产品按照其价值的出售，还是次要的；部分地是因为在以往那些生产方式中，商人与之做生意的剩余产品的主要占有者，即奴隶主，封建地主，国家（例如东方专制君主）代表供人享受的财富，对于这些财富，商人会设下圈套，这一点亚·斯密在上述有关封建时期的引语中已经正确地嗅出来了。③

最后，还有"浪漫主义的"弥勒的如下胡说：
"这些工人和儿童在能由他们得到的资本取得真正的复利以前，必须先学会怎样去推动和运用这些资本。其次，市民社会所获得的巨额资本，即使在最活跃的共同体内也要经过多年

① 中共中央马克思恩格斯列宁斯大林著作编译局. 马克思恩格斯文集：第7卷
［M］. 北京：人民出版社，2009：368-369.
② 中共中央马克思恩格斯列宁斯大林著作编译局. 马克思恩格斯文集：第7卷
［M］. 北京：人民出版社，2009：714-715.
③ 中共中央马克思恩格斯列宁斯大林著作编译局. 马克思恩格斯全集：第25
卷［M］. 北京：人民出版社，1974：370.

才会逐渐积累起来，并且不是用来直接扩大劳动，而是相反地，一旦聚积成相当数额，就以贷放的名义，转移给另一个人，一个工人，一个银行或一个国家。"①

如果我们设想资本主义的社会形式已被推翻，社会已被组成一个自觉的、有计划的联合体，10 夸特就会只代表一定量的独立的劳动时间，而和 240 先令内所包含的劳动时间相等。因此，社会就不会按产品内所包含的实际劳动时间的二倍半来购买这种土地产品；这样，土地所有者阶级存在的基础就会消失。这件事所起的作用，会和外国进口物品使产品价格便宜同样数额完全一样。因此，如果说，维持现在的生产方式，但假定级差地租转归国家，土地产品的价格在其他条件相同时就会保持不变，当然是正确的；但如果说，在资本主义生产由联合体代替以后，产品的价值还依旧不变，却是错误的。②

这适用于生产资料归劳动者所有的那种状态；这种状态，无论在古代世界还是近代世界，都可以在自耕农和手工业者那里看到。这也符合我们以前所说的见解，即产品发展成为商品，是由不同共同体之间的交换，而不是由同一共同体各个成员之间的交换引起的。这一点，正像它适用于这种原始状态一

① 中共中央马克思恩格斯列宁斯大林著作编译局 . 马克思恩格斯全集：第 25 卷 [M]. 北京：人民出版社，1974：447.

② 中共中央马克思恩格斯列宁斯大林著作编译局 . 马克思恩格斯全集：第 25 卷 [M]. 北京：人民出版社，1974：745.

样，也适用于后来以奴隶制和农奴制为基础的状态，同时也适用于手工业行会组织，那时固定在每个生产部门中的生产资料很不容易从一个部门转移到另一个部门，因而不同部门的互相关系就好像不同的国家或不同的共产主义共同体一样。①

中世纪的商人决不是个人主义者；他像他的所有同时代人一样，本质上是共同体的成员。在农村，占统治地位的是在原始共产主义基础上成长起来的马尔克公社。起初，每个农民都有同样大小的份地，其中包括面积相等的各种质量的土地，并且每个人在公共马尔克中也相应地享有同样大小的权利。②

在古亚细亚的，一般说来，古代世界的生产方式下，产品变为商品，只起从属的作用，但是随着共同体接近解体，这种作用越来越重要。真正的商业民族只存在于古代世界的空隙中，就像伊壁鸠鲁的神只存在于世界的空隙中，或者犹太人只存在于波兰社会的缝隙中一样。这些古老的社会机体在生产方面比资产阶级社会简单明了得多；但它们或者以个人——可以说历史尚未割断把他同原始部落的天然共同体联系在一起的脐

---

① 中共中央马克思恩格斯列宁斯大林著作编译局 . 马克思恩格斯全集：第 25 卷 [M]. 北京：人民出版社，1974：1014-1015.
② 中共中央马克思恩格斯列宁斯大林著作编译局 . 马克思恩格斯全集：第 25 卷 [M]. 北京：人民出版社，1974：1019-1020.

带——尚未成熟为基础，或者以专制制度和奴隶制度的条件为
基础。①

　　起点应当是 I（V＝M），因为在这里问题看起来最简单。
如果这里假定——以及在（Ⅱ）和（Ⅲ）中——劳动力的剥
削程度相同，那么，当 Ia、Ib 等本身只是各工业部门的联合体
时，序列就更加表现为平均比例，在这种比例中，偶然的、个
别的差异——不论是同一部门内的个体资本家之间，还是单个
部门之间的差异——就被平均量消除了。②

　　货币形式或者固定在最重要的外来交换物品上，这些物品
事实上是本地产品的交换价值的自然形成的表现形式；或者固
定在本地可以让渡的财产的主要部分如牲畜这种使用物品上。
游牧民族最先发展了货币形式，因为他们的一切财产都具有可
以移动的，因而可以直接让渡的形式，又因为他们的生活方式
使他们经常和别的共同体接触，因而引起产品交换。人们过去
常常把作为奴隶的人本身当作原始的货币材料，但是从来没有
把土地当作这种材料。这种想法只有在发达的资产阶级社会里

---

①　中共中央马克思恩格斯列宁斯大林著作编译局. 马克思恩格斯全集：第49
　　卷［M］. 北京：人民出版社，1982：194-195.
②　中共中央马克思恩格斯列宁斯大林著作编译局. 马克思恩格斯全集：第50
　　卷［M］. 北京：人民出版社，2016：293.

才会产生。①

在家庭内部，随后在氏族内部，由于性别和年龄的差别，也就是在纯生理的基础上产生了一种自然的分工。随着共同体的扩大，人口的增长，特别是各氏族间的冲突，一个氏族之征服另一个氏族，这种分工的材料也扩大了。另一方面，我在前面已经谈到，产品交换是在不同的家庭、氏族、共同体互相接触的地方产生的，因为在文化的初期，以独立资格互相接触的不是个人，而是家庭、氏族等。不同的共同体在各自的自然环境中，找到不同的生产资料和不同的生活资料。因此，它们的生产方式、生活方式和产品，也就各不相同。这种自然的差别，在共同体互相接触时引起了产品的互相交换，从而使这些产品逐渐转化为商品。②

作为商品而进入流通的产品，不论是在什么生产方式的基础上生产出来的——不论是在原始共同体的基础上，还是在奴隶生产的基础上，还是在小农民和小市民的生产的基础上，还是在资本主义生产的基础上生产出来的——都不会改变自己的作为商品的性质；作为商品，它们都要经历交换过程和随之发

---

① 中共中央马克思恩格斯列宁斯大林著作编译局. 马克思恩格斯文集：第 5 卷 [M]. 北京：人民出版社，2009：108.
② 中共中央马克思恩格斯列宁斯大林著作编译局. 马克思恩格斯文集：第 5 卷 [M]. 北京：人民出版社，2009：407.

生的形态变化。①

从直接生产者身上榨取无酬剩余劳动的独特经济形式，决定了统治和从属的关系，这种关系是直接从生产本身中生长出来的，并且又对生产发生决定性的反作用。但是，这种从生产关系本身中生长出来的经济共同体的全部结构，从而这种共同体的独特的政治结构，都是建立在上述的经济形式上的。②

资本主义以前的、民族的生产方式具有的内部的坚固性和结构，对于商业的解体作用造成了多大的障碍，这从英国人同印度和中国的交往中可以明显地看出来。在印度和中国，小农业和家庭工业的统一形成了生产方式的广阔基础。此外，在印度还有建立在土地公有制基础上的农村公社的形式，这种农村公社在中国也是原始的形式。③

对我们来说，考察现代的土地所有权形式所以是必要的，是因为我们要考察资本投入农业而产生的一定的生产关系和交

---

① 中共中央马克思恩格斯列宁斯大林著作编译局．马克思恩格斯文集：第 7 卷
[M]．北京：人民出版社，2009：362-363.
② 中共中央马克思恩格斯列宁斯大林著作编译局．马克思恩格斯文集：第 7 卷
[M]．北京：人民出版社，2009：894.
③ 中共中央马克思恩格斯列宁斯大林著作编译局．马克思恩格斯文集：第 7 卷
[M]．北京：人民出版社，2009：372.

往关系。不做这种考察，对资本的分析就是不完全的。①

但是，自从 1865 年写作本书以来，情况已经发生了变化，这种变化使今天交易所的作用大大增加了，并且还在不断增加。这种变化在其进一步的发展中有一种趋势，要把全部生产，工业生产和农业生产，以及全部交往，交通工具和交换职能，都集中在交易所经纪人手里，这样，交易所就成为资本主义生产本身最突出的代表。②

例如当上衣作为价值物被看作与麻布相等时，前者包含的劳动就被看作与后者包含的劳动相等。固然，缝上衣的劳动是一种与织麻布的劳动不同的具体劳动。但是，把缝看作与织相等，实际上就是把缝化为两种劳动中确实等同的东西，化为它们的人类劳动的共同性质。通过这种间接的办法还说明，织就它织出价值而论，不具有和缝相区别的特征，所以是抽象人类劳动。只有不同种商品的等价表现才使形成价值的劳动的这种特殊性质显示出来，因为这种等价表现实际上是把不同种商品所包含的不同种劳动化为它们的共同东西，化为一般人类

---

① 中共中央马克思恩格斯列宁斯大林著作编译局. 马克思恩格斯文集：第 7 卷 [M]. 北京：人民出版社，2009：694.

② 中共中央马克思恩格斯列宁斯大林著作编译局. 马克思恩格斯文集：第 7 卷 [M]. 北京：人民出版社，2009：1028.

劳动。①

　　完全不同的劳动所以能够相等，只是因为它们的实际差别已被抽去，它们已被化成它们作为人类劳动力的耗费、作为抽象的人类劳动所具有的共同性质。私人生产者的头脑把他们的私人劳动的这种二重的社会性质，只是反映在从实际交易、产品交换中表现出来的那些形式中，也就是把他们的私人劳动的社会有用性，反映在劳动产品必须有用，而且是对别人有用的形式中；把不同种劳动的相等这种社会性质，反映在这些在物质上不同的物即劳动产品具有共同的价值性质的形式中。②

《恩格斯致约翰·菲力浦·贝克尔》

【综合导读】

　　该文是恩格斯写给他的朋友约翰·菲力浦·贝克尔的一系列信件，不仅体现了恩格斯与贝克尔之间的深厚友谊，更展示了恩格斯作为一位伟大的社会主义者的崇高品格和思想境界。该文提及如何将国内外联合体组成联盟的问题。

---

① 中共中央马克思恩格斯列宁斯大林著作编译局. 马克思恩格斯文集：第5卷
　　[M]. 北京：人民出版社，2009：65.
② 中共中央马克思恩格斯列宁斯大林著作编译局. 马克思恩格斯文集：第5卷
　　[M]. 北京：人民出版社，2009：91.

【论述摘编】

你们写给苏黎世支部的通告我们已及时收到。我们也认为，现在是对巴枯宁主义者肆无忌惮地冒充国际的种种企图进行反击的时候了。你们建议把一些全国性的大组织组成联合会，并在这个基础上实行改组，我很怀疑这能否行得通，因为大多数国家的法律禁止这样的联合体同国外的联合体保持通信联系，更不用说同它们结成联盟了。不过这并不那么要紧，而且是可以轻易地绕过或换一种方式进行的，只要人们坚信，每一个这种大组织的单独存在比它们形式上参加国际性的团体更为重要。你们也将遇到德国人那种柏拉图式的冷淡，他们作为一个党对旧国际一贯采取这种态度。①

《给奥·倍倍尔的信》

【综合导读】

该文是恩格斯写给德国社会民主党领导人奥古斯特·倍倍尔的重要信件。该文认为"共同体"一词接近古德文"ge-meinwesen"，这对我们准确理解马克思恩格斯"共同体"这一术语具有参考价值。

---

① 中共中央马克思恩格斯列宁斯大林著作编译局．马克思恩格斯全集：第34卷［M］．北京：人民出版社，1972：208.

【论述摘编】

当无产阶级还需要国家的时候，它需要国家不是为了自由，而是为了镇压自己的敌人，一到有可能谈自由的时候，国家本身就不再存在了。因此，我们建议把"国家"一词全部改成"共同体"［gemeinwesen］，这是一个很好的古德文词，相当于法文的"公社"。①

《恩格斯致朱泽培·卡内帕》

【综合导读】

该文是恩格斯于 1894 年 1 月 9 日写给朱泽培·卡内帕的一封信。该信中提及对未来联合体的设想，即"每个人的自由发展是一切人的自由发展的条件"。

【论述摘编】

我打算从马克思的著作中给您找出一则您所期望的题词。我认为，马克思是当代唯一能够和那位伟大的佛罗伦萨人相提并论的社会主义者。但是，除了《共产主义宣言》中的下面这

---

① 中共中央马克思恩格斯列宁斯大林著作编译局. 马克思恩格斯文集：第 3 卷［M］. 北京：人民出版社，2009：414.

句话（《社会评论》杂志社出版的意大利文版第 35 页），我再也找不出合适的了："代替那存在着阶级和阶级对立的资产阶级旧社会的，将是这样一个联合体，在那里，每个人的自由发展是一切人的自由发展的条件。"要用几句话来概括未来新时代的精神，而又不堕入空想主义或者不流于空泛辞藻，几乎是不可能的。①

《恩格斯致约瑟夫·布洛赫（1890 年 9 月 21—22 日）》

【综合导读】

该文是恩格斯写给柏林大学的学生和《社会主义月刊》的编辑约瑟夫·布洛赫的一封信，主要回答了布洛赫提出的两个问题，并对历史唯物主义进行了深入阐述。该信探讨了血缘、家庭等问题，涉及古代共同体或自然的共同体。

【论述摘编】

所以到目前为止的历史总是像一种自然过程一样地进行，而且实质上也是服从于同一运动规律的。但是，各个人的意志——其中的每一个都希望得到他的体质和外部的、归根到底是经济的情况（或是他个人的，或是一般社会性的）使他向往

---

① 中共中央马克思恩格斯列宁斯大林著作编译局. 马克思恩格斯文集：第 10 卷［M］. 北京：人民出版社，2009：666.

的东西——虽然都达不到自己的愿望，而是融合为一个总的平均数，一个总的合力，然而从这一事实中决不应做出结论说，这些意志等于零。相反，每个意志都对合力有所贡献，因而是包括在这个合力里面的。①

《卡·马克思和弗·恩格斯之间的书信》

【综合导读】

该文是两位伟大思想家之间深厚友谊和合作的见证。该文涉及联合体、古代共同体、血缘共同体以及共同体演变等内容，从中也能管窥马克思和恩格斯对共同体（联合体）看法的一致性。

【论述摘编】

《哲学的贫困》第 177 页上说：

"工人阶级在发展进程中将创造一个消除阶级和阶级对立的联合体来代替旧的资产阶级社会；从此再不会有任何原来意义的政权了。因为政权正是资产阶级社会内部阶级对立的正式

---

① 中共中央马克思恩格斯列宁斯大林著作编译局. 马克思恩格斯文集：第 10 卷 [M]. 北京：人民出版社，2009：593.

表现。"①

由于时间不够，我不能再次详细谈论关于婚姻的文章。无论如何，原始的性的共同体属于遥远的时代，并为以后进步的或退步的发展所淹没，现在无论在什么地方再也找不到它的原始形式的标本。②

在法国保存下来的范围更狭小的由几个家庭组成的公社，在我看来只是马尔克公社的组成部分，至少在北部（法兰克地区）是这样；在南部（过去的阿克维塔尼亚）它可能是一种联合体，这种联合体占有土地（土地的最高个人所有者是领主），不受农村公社的管辖。③

同样，"他们单独地和分散地进行耕作"这句话可以证明，德意志人自古以来就像威斯特伐利亚的容克那样，经营单个的田庄。但在这句话的后面还有："他们建立村庄的方式和我们的不同，他们不是把房屋聚集在一起并使之互相毗连，而是每家住所周围都有一块空地"；像上面所描写的那种日耳曼原始

---

① 中共中央马克思恩格斯列宁斯大林著作编译局 . 马克思恩格斯全集：第34卷［M］. 北京：人民出版社，1972：94.
② 中共中央马克思恩格斯列宁斯大林著作编译局 . 马克思恩格斯全集：第36卷［M］. 北京：人民出版社，1974：61.
③ 中共中央马克思恩格斯列宁斯大林著作编译局 . 马克思恩格斯全集：第39卷［M］. 北京：人民出版社，1974：435.

村落，如今在丹麦的一些地方仍然存在。斯堪的纳维亚对德国的法学和经济学，就像对德国的神话学一样，自然是非常重要的。只有从这里出发，我们才能重新认清我们的过去。此外，甚至格林等人也在恺撒的书中发现，德意志人总是按血族共同体集体定居，而不是单独定居的："他们是按氏族和亲属关系一起居住的。"①

《关于伊壁鸠鲁哲学的笔记》

【综合导读】

该文是马克思在研究伊壁鸠鲁哲学时所作，体现了马克思对古希腊哲学的深入研究与理解。该文认为神是一个伦理共同体，即"集经验恶行的一切后果之大成的共同体"。

【论述摘编】

既然个人也关心：对他来说什么是善和恶，那么除此而外这种恐惧和这种希望究竟从何产生呢？在这一方面，神不是什么别的东西，而是集经验恶行的一切后果之大成的共同体。于是，经验的个人由于害怕因恶行而得到的好处会引起更大的恶并使他失掉更大的好处，便不去作恶；因此，他这样做不就是

① 中共中央马克思恩格斯列宁斯大林著作编译局. 马克思恩格斯文集：第10卷［M］. 北京：人民出版社，2009：285.

为了使他的安宁的连续性不致由于有失去这种安宁的内在可能
性而遭到破坏吗？①

《卡·马克思和弗·恩格斯发表在〈新莱茵报〉上的文章》

【综合导读】

马克思和恩格斯在《新莱茵报》上发表的文章，为国际无
产阶级提供了思想指引，推动了欧洲各国无产阶级的觉醒和团
结，涉及诸多主题。其中《对德国流亡者采取的措施》提及
"联合会""联合体"等与共同体相关的术语。

【论述摘编】

因此，联合会无论对巴登政府，还是对瑞士政府都是不成
问题的，而是由于这个组织的首领们对整个秘密联合体系所作
的各种美好回忆，以及多少有点招摇的行动给了政府以进行干
涉的借口；其次，还由于整个计划都触犯伯尔尼州志愿兵法，
这样就很容易使人觉得这里有一个根基颇深的阴谋，并准备不
久向巴登进行一次新的进攻。②

---

① 中共中央马克思恩格斯列宁斯大林著作编译局．马克思恩格斯全集：第40
卷［M］．北京：人民出版社，1982：81．

② 中共中央马克思恩格斯列宁斯大林著作编译局．马克思恩格斯全集：第43
卷［M］．北京：人民出版社，1982：84．

《卡·马克思和弗·恩格斯笔记和文章》

【综合导读】

该著作为马克思和恩格斯 1867 年至 1893 年所写而未编入《马克思恩格斯全集》第十六至二十二卷的文章、笔记和手稿。内容基本上可分为三类：一是马克思和恩格斯关于爱尔兰历史的笔记；二是马克思的古代社会史笔记；三是马克思和恩格斯关于欧洲各国工人运动问题的文章和手稿，以及其他资料。该著作中的《路易斯·亨·摩尔根〈古代社会〉一书摘要》《亨利·萨姆纳·梅恩〈古代法制史讲演录〉（1875 年伦敦版）一书摘要》《约·拉伯克〈文明的起源和人的原始状态〉（1870年伦敦版）一书摘要》等蕴含了许多共同体论述，特别是古代共同体或民族共同体，是研究马克思恩格斯古代共同体或自然的共同体的重要资料。

【论述摘编】

一切未被占据的部落土地更是全部落的财产，在理论上它的任何部分最多只能临时占有。在部落土地的占有者中，有一些自称为部落成员的人群，实际上主要是为了放牧而按契约组成的联合体。在"荒地"即未被占据的部落土地上，一些地块通常是由部落成员的移民耕种或者固定放牧，并准许奴隶身份的耕种者占有它，尤其是在靠近边境的那些地方。在这一部分土地上，首领的势力有不断增长的趋势，而且他也在这里安置他的"富伊德希尔"［fuidhir］或者说外来佃农：一个很重要的阶级，亦即那些来自别的部落请求他保护的逃亡者和"落魄"的人……这些人和新部落的联系仅在于他们对首领的依附和首领加在他们身上的义务。①

在新墨西哥、墨西哥和中美的村居印第安人中，狭小地区内的人口增长并未阻止分解的过程。如果有几个村落沿着一条河流而彼此邻近，则其居民通常都是出自一个共同的世系，并且处于一个部落或部落联盟的管理之下。②

［每个村落通常都是一个独立的自治的共同体。］单就新墨西哥而论，约有七种语言，每一种语言又有几种方言。科罗纳多远征时（1540—1542 年），发现村落数目很多，但都很小。③

财产成了逐渐改造希腊制度的新要素，准备了这种变革；在完成这种变革以前，曾试图在氏族基础上加以实现，历时数

① 中共中央马克思恩格斯列宁斯大林著作编译局 . 马克思恩格斯全集：第 45 卷［M］. 北京：人民出版社，1985：577.
② 中共中央马克思恩格斯列宁斯大林著作编译局 . 马克思恩格斯全集：第 45 卷［M］. 北京：人民出版社，1985：434.
③ 中共中央马克思恩格斯列宁斯大林著作编译局 . 马克思恩格斯全集：第 45 卷［M］. 北京：人民出版社，1985：434.

百年。在希腊人的各个共同体中，曾试行过各种不同的立法方案，而且多少都抄袭别人的经验，但都力求达到同一结果。①

蒙森接着又说："正如每一户都有自己的一份土地那样，克兰户（蒙森原著中恐怕不是这个字）或村落，都有属于它的克兰土地，这些土地直到相当晚的时期仍仿照（!）各户土地的办法进行管理，也就是采取公有制来管理……但是这些克兰组织从一开始就不被看作独立的社会团体，而是被看作政治共同体（civitas populi）的组成部分。它首先是几个同世系、同语言、同风俗的克兰村落的结合，这些村落有义务相互遵守法律，相互担负法律上的赔偿，合力攻击和防御。"蒙森指出，各拉丁部落在罗马建城以前是按家户、氏族和部落来占有土地的；他还指出了这些部落的社会组织的递升序列，这个序列和易洛魁人完全相同，即氏族、部落、部落联盟。没有提到胞族。他所说的家户未必只是一个简单的家庭，可能是由居住在共同宅院里在家中过着共产制生活的若干有亲属关系的家庭组成的。②

梅恩忽略了深得多的东西：国家的看来是至高无上的独立的存在本身，不过是表面的，所有各种形式的国家都是社会身

---

① 中共中央马克思恩格斯列宁斯大林著作编译局. 马克思恩格斯全集：第 45 卷 [M]. 北京：人民出版社，1985：494.
② 中共中央马克思恩格斯列宁斯大林著作编译局. 马克思恩格斯全集：第 45 卷 [M]. 北京：人民出版社，1985：536.

上的赘瘤；正如它只是在社会发展的一定阶段上才出现一样，一当社会达到迄今尚未达到的阶段，它也会消失。先是个性摆脱最初并不是专制的桎梏（如傻瓜梅恩所理解的），而是群体即原始共同体的给人带来满足和乐趣的纽带——从而是个性的片面发展。但是只要我们分析这种个性的内容即它的利益，它的真正性质就会显露出来。那时我们就会发现，这些利益又是一定的社会集团共同特有的利益，即阶级利益等，所以这种个性本身就是阶级的个性等，而它们最终全都以经济条件为基础。这种条件是国家赖以建立的基础，是它的前提。①

"这就是它的（共同体的［des Gemeinwesens］）历史，即在每一个社会［community］中决定着统治者如何运用或不去运用他的不可抵挡的强制力量的全部历史前提。"②

奥斯丁进而承认自然状态在理论上的可能性；他并不像霍布斯等人那样重视这种状态，但是他承认，凡是在一定数量的人或集团还未多到具有政治性，还没有被置于通常的或按习惯活动的共同体之下的地方，都存在着这种状态。③

---

① 中共中央马克思恩格斯列宁斯大林著作编译局. 马克思恩格斯全集：第45卷［M］. 北京：人民出版社，1985：646-647.

② 中共中央马克思恩格斯列宁斯大林著作编译局. 马克思恩格斯全集：第45卷［M］. 北京：人民出版社，1985：648.

③ 中共中央马克思恩格斯列宁斯大林著作编译局. 马克思恩格斯全集：第45卷［M］. 北京：人民出版社，1985：653.

奥斯丁在第 3 版第 1 卷第 237 页说："我们假定有一个单独的蒙昧人家庭，与所有其他的共同体［community］完全隔绝地生活着。我们还假定母亲和孩子都习惯地服从这个与世隔绝的家庭的首脑，即父亲。就这样，既然它不是另一个更大的共同体的一个肢节，这个由父母和孩子构成的社会显然是一个独立的社会，而既然家庭的其他成员习惯上都服从它的首脑，这个独立的社会，只要其成员的数目不太少，就构成一个政治的社会。但是既然家庭的成员如今太少，我想，它将被认为是一个处于自然状态的社会，即是说，是一个由不处于被统治地位的人组成的社会。不用带讽刺性的话语，我们未必能称这种社会为政治的和独立的社会，称发号施令的父亲和首脑为专制君主或统治者，或者称服从的母亲和孩子为臣民。"①

如果我们设想有这样一个地方，那里有四个比邻的部落，它们都有外婚的习俗，都依母方而不是依父方计算世系——……过了一定的时间以后，结果将是，每一个部落都由四个塞普特或者克兰组成，这四个塞普特或克兰代表着原来的四个部落，因此我们就会看到这样的共同体，其中的每一个部落都分成若干个克兰，一个男子结婚必须娶别的克兰的女子（第75 页）。②

① 中共中央马克思恩格斯列宁斯大林著作编译局 . 马克思恩格斯全集：第 45 卷［M］. 北京：人民出版社，1985：653-654.
② 中共中央马克思恩格斯列宁斯大林著作编译局 . 马克思恩格斯全集：第 45 卷［M］. 北京：人民出版社，1985：662-663.

路·亨·摩尔根《古代社会》1877 年伦敦版的摘要，反映了马克思论证唯物史观的工作的一个重要阶段。摩尔根发现了氏族这一发现为理解人类上古史提供了钥匙，提供了根据具体历史材料阐明地区共同体和国家产生的途径的可能性。据恩格斯说，马克思曾打算联系着对摩尔根的研究写一部关于这个问题的书。马克思的这一计划是由恩格斯实现的，他在写作《家庭、私有制和国家的起源》一书时利用了马克思所作的摘要。①

罗马的市区更像较早的雅典的诺克拉里，很可能就是模仿它而建立的。狄奥尼修斯说：塞尔维乌斯·土利乌斯用一道城垣围起七个山丘以后，就把城市分为四部分：（1）帕拉丁纳；（2）苏布拉；（3）科林纳；（4）埃斯奎林纳（以前城市由三部分组成）。这四部分现在应该不是按血缘关系的原则组织起来的部落，而是按地域原则组织起来的部落；他给每一部落任命了一个指挥官，即部落长或区长，他命令他们把各家的居民登记入册。据蒙森说，这四个征集区的每一个区必须提供四分之一的兵力，不仅按全部兵力计，而且按其中的每一支部队的兵力计；这样，在每一个百人团中，都有从各区征召来的同等数目的兵员，其目的在于将氏族性质的和地方性质的一切差别消灭在一个统一的共同体中，并借助于军事精神的影响而把外

---

① 中共中央马克思恩格斯列宁斯大林著作编译局．马克思恩格斯全集：第 45 卷［M］．北京：人民出版社，1985：772.

来人和公民融合为一个民族。①

　　五个部落在本身的部落事务上彼此都是独立的，它们的地域都有固定的边界线，它们的利益也不相同。加入联盟并没有削弱部落，也没有给部落组织带来损害；每个部落都非常活跃。易洛魁人在1755年曾向美国人的祖先（英国人）建议把一些殖民地组成联盟，像他们自己的联盟那样。他们从几个殖民地具有共同利益和共同语言中看到了结成联盟的要素。

　　奥嫩多加部落被指定为"贝球带守护者"和"会议篝火守护者"，摩霍克部落是被征服部落的"贡物领受者"，塞讷卡部落是长屋的"门户守护者"。这些以及其他类似的规定都是旨在维护共同的利益。

　　联盟在表面上是建立在部落基础上，实质上是建立在共同氏族基础上。同一个氏族的全体成员，不论是属于摩霍克部落、欧奈达部落、奥嫩多加部落、卡尤加部落或塞讷卡部落，由于起源于共同的祖先，所以彼此都是兄弟姊妹。②

① 中共中央马克思恩格斯列宁斯大林著作编译局.马克思恩格斯全集：第45卷［M］.北京：人民出版社，1985：557.
② 中共中央马克思恩格斯列宁斯大林著作编译局.马克思恩格斯全集：第45卷［M］.北京：人民出版社，1985：444-445.

《〈政治经济学批判〉手稿》

【综合导读】

手稿是马克思 1857—1863 年研究资本主义社会经济学的著作。起初马克思计划以《政治经济批判》出版自己的全部写作计划，并于 1859 年出版了该计划的第一分册。该阶段马克思在价值理论和货币理论上实现了革命变革，对后来的政治经济学研究产生了深远的影响。该书分析了资本的生产过程和流通过程；指出资本在生产过程中创造价值和剩余价值，并在流通过程中实现这些价值，形成了一种连续不断的运动；批判了现代世界以生产为目的、财富成为生产的目标的观点，提出未来社会主义和共产主义生产的目的是人的全面发展。该著作共同体论述十分丰富：一是自然形成的共同体，家庭和扩大成为部落的家庭，或通过家庭之间互相通婚而组成的部落，或部落的联合。二是劳动所形成的共同体，即由劳动自身创造出来的共同体，包含与土地相关的共同体和城市中的劳动共同体，如工会、行会等。三是在资本主义社会所产生的现代共同体，如货币共同体、交换共同体等。此外，还有最重要的一点就是从商品生产的视角来论述共同体：其一，商品或者财富的发展对共同体的影响。作者认为，财富的发展导致了旧的共同体的解体，财富的发展随之而来是交换或交往的发展，因而"交换一般是在共同体的尽头开始的"。其二，分析共同体和资本家对商品生产的区别,共同体成员在劳动过程中,看重产品的使用价值,因为"共同体本身则是个人从事生产活动的一般条件",所以这种劳动是"必要"的;而资本家在组织生产时是为了商品的交换价值或剩余价值。其三,个人与共同体之间关系。在资本主义社会中,个人是社会中的个人,为社会而生产,既不属于自然发生的共同体,也不属于"自觉的共同体",因此,这些共同体对他们来说是"外在的""物的""对立的"存在,因此,在一定程度上也就是"虚幻的"。总之,该书对共同体进行了深入的探讨和分类,揭示了共同体在人类社会发展中的重要作用和演变过程。

【论述摘编】

我们仅仅指出,这些矛盾不只有理论的、抽象的意义,而且同时反映出从直接的交换关系,即简单的物物交换的本性中产生出来的困难,反映出这种最初的粗陋的交换形式所必然遇到的不可能性。解决这种不可能性的办法,就是把代表一切其他商品的交换价值的特性转给一种特殊的商品——货币。然后,在第二章中阐述货币或简单流通,即(1)作为价值尺度的货币,并且在这里,用货币计量的价值即价格得到了更切近的规定;(2)作为流通手段的货币;(3)作为两个规定的统一体,作为实在的货币,作为资产阶级一切物质财富的代表。①

---

① 中共中央马克思恩格斯列宁斯大林著作编译局.马克思恩格斯文集:第2卷[M].北京:人民出版社,2009:605.

在交换价值上，人的社会关系转化为物的社会关系；人的能力转化为物的能力。交换手段拥有的社会力量越小，交换手段同直接的劳动产品的性质之间以及同交换者的直接需求之间的联系越是密切，把个人互相联结起来的共同体的力量就必定越大——家长制的关系，古代共同体，封建制度和行会制度。①

一切劳动产品、能力和活动进行私人交换，既同以个人之间的统治和服从关系（自然发生的或政治性的）为基础的分配相对立（不管这种统治和服从的性质是家长制的，古代的或是封建的）（在这种情况下，真正的交换只是附带进行的，或者大体说来，并未触及整个共同体的生活，不如说只发生在不同共同体之间，决没有支配全部生产关系和交往关系），又同在共同占有和共同控制生产资料的基础上联合起来的个人所进行的自由交换相对立（这种联合不是任意的事情，它以物质条件和精神条件的发展为前提，这一点在这里就不进一步论述了）。②

为了把货币本身保存下来，必须吝啬而牺牲掉对于特殊需要对象的一切关系，放弃这一切关系，以便满足货币欲本身的需要。货币欲或致富欲望必然导致古代共同体的瓦解，由此产

---

① 中共中央马克思恩格斯列宁斯大林著作编译局. 马克思恩格斯全集：第46卷：上 [M]. 北京：人民出版社，1979：103-104.

② 中共中央马克思恩格斯列宁斯大林著作编译局. 马克思恩格斯全集：第46卷：上 [M]. 北京：人民出版社，1979：105.

生了对立物。货币本身就是共同体，它不能容忍任何其他共同体凌驾于它之上。但是，这要以交换价值的充分发展，从而以相应的社会组织的充分发展为前提。①

在腓尼基人和迦太基人等那里，生产顶多是附带的事情。他们能够生活在古代世界的空隙中，正像犹太人生活在波兰或中世纪的情形一样。不如说，这种世界本身，是这些商业民族的前提。一旦他们和古代共同体发生严重冲突，他们也就灭亡。②

今天单个的个人仍然可以偶然地弄到货币，因而占有货币也会像对古代人的共同体那样，对他起瓦解的作用。但是，在现代社会里，这种个人的瓦解本身，只不过使社会上从事生产的一部分人发财致富。③

由于劳动的目的不是特殊产品，即同个人的特殊需要发生特殊关系的产品，而是货币，即一般形式的财富，所以，首先个人的勤劳是没有止境的；勤劳具有怎样的特殊性都无所谓，它采取可以达到目的的任何形式；在为社会需要等创造新的对

---

① 中共中央马克思恩格斯列宁斯大林著作编译局．马克思恩格斯全集：第46卷：上［M］．北京：人民出版社，1979：172.

② 中共中央马克思恩格斯列宁斯大林著作编译局．马克思恩格斯全集：第46卷：上［M］．北京：人民出版社，1979：172.

③ 中共中央马克思恩格斯列宁斯大林著作编译局．马克思恩格斯全集：第46卷：上［M］．北京：人民出版社，1979：173.

象方面，勤劳是富有发明才能的。因此，很清楚，在以雇佣劳动为基础的地方，货币不是起瓦解的作用，而是起生产的作用；而古代共同体本身则已经同作为一般基础的雇佣劳动发生矛盾。只有当每种劳动所生产的都是一般财富而不是特定形式的财富，从而个人的工资也都是货币时，普遍的勤劳才是可能的。否则，只有特殊形式的技艺上的勤劳才是可能的。作为劳动直接产物的交换价值，就是作为劳动直接产物的货币。因此，生产交换价值本身的直接劳动就是雇佣劳动。凡是在货币本身不是共同体的地方，货币必然使共同体瓦解。①

资产阶级社会的基本前提是：劳动直接生产交换价值，从而生产货币；而货币也直接购买劳动，从而购买工人，只要后者在交换中让渡自己的活动。因此，一方的雇佣劳动和另一方的资本，都只不过是发达的交换价值和作为交换价值化身的货币的另一些形式。所以，货币直接是现实的共同体，因为它是一切人赖以生存的一般实体；同时又是一切人的共同产物。但是，正如我们已经看到的，在货币上共同体只是抽象，对于个人只是外在的、偶然的东西；同时又只是单个的个人满足需要的手段。古代共同体以一种完全不同的个人关系为前提。因此，货币在其第三种规定上的发展，破坏了古代共同体。任何生产都是个人的物化。但是，在货币（交换价值）上，个人的物化不是个人在其自然规定性上的物化，而是个人在一种社会

---

① 中共中央马克思恩格斯列宁斯大林著作编译局. 马克思恩格斯全集：第 46 卷：上 [M]. 北京：人民出版社，1979：174.

规定（关系）上的物化，同时这种规定对个人来说又是外在的。①

　　尽管现代经济学家自以为比重商主义高明，但在 1857 年普遍危机时期也和在 1600 年一样，金银又完全出现在这一规定上。由于这种性质，金银在建立世界市场方面起了重要的作用。例如，美洲的银从西方流到东方；从近代开始，一方面美洲和欧洲之间发生了贵金属的联系，另一方面同亚洲发生了贵金属的联系。在原始共同体，这种金银贸易只起次要的作用，同整个交换一样，只涉及剩余物。②

　　我们已经指出，金银和交换本身一样，最初不是出现在一个社会共同体的范围内，而是出现在它的尽头，它的边界上，它和别的共同体接触的少数地点上。因此，货币现在表现为商品本身，普遍的商品，这种商品在所有地方都保持它作为商品的性质。在这一形式规定上，它在所有地方一律通用。只有这样，它才是一般财富的物质代表。因此，在重商主义那里，金银被看作衡量各个不同共同体的实力的尺度。③

---

① 中共中央马克思恩格斯列宁斯大林著作编译局 . 马克思恩格斯全集：第 46 卷：上［M］. 北京：人民出版社，1979：175-176.
② 中共中央马克思恩格斯列宁斯大林著作编译局 . 马克思恩格斯全集：第 46 卷：上［M］. 北京：人民出版社，1979：177.
③ 中共中央马克思恩格斯列宁斯大林著作编译局 . 马克思恩格斯全集：第 46 卷：上［M］. 北京：人民出版社，1979：177.

而现代意义上的平等和自由所要求的生产关系，在古代世界还没有实现，在中世纪也没有实现。古代世界的基础是直接的强制劳动；当时共同体就建立在这种强制劳动的现成基础上；作为中世纪的基础的劳动，本身是一种特权，是尚处在孤立分散状态的劳动，而不是生产一般交换价值的劳动。[资本主义社会里的]劳动既不是强制劳动，也不是中世纪那种要听命于作为最高机构的共同组织（同业公会）的劳动。①

因此，罗马法规定奴隶是不能通过交换为自己谋利益的人，这是有道理的。由此也可以明白，罗马法虽然是与交换还很不发达的社会状态相适应的，但是，从交换在一定的范围内已有所发展来说，它仍能阐明法人，进行交换的个人的各种规定，因而能成为工业社会的法的先声（就基本规定来说），而首先为了和中世纪相对抗，它必然被当作新兴资产阶级社会的法来看。不过，罗马法的发展本身和罗马共同体的解体也是完全一致的。②

军队是古代共同体中最先采用这种发薪饷方法的形式之一。普通士兵的薪饷也被压低到最低限度，只决定于他的再生产所必需的生产费用。但是，他用自己的服务交换来的是国家

---

① 中共中央马克思恩格斯列宁斯大林著作编译局. 马克思恩格斯全集：第46卷：上[M]. 北京：人民出版社，1979：197.

② 中共中央马克思恩格斯列宁斯大林著作编译局. 马克思恩格斯全集：第46卷：上[M]. 北京：人民出版社，1979：198.

的收入，而不是资本。①

因此，劳动者［甚至］不依赖劳动就拥有客观的存在。个人把自己看作所有者，看作自己现实条件的主人。个人看待其他个人也是这样，并且，根据这个前提是从共同体出发，还是从组成公社的各个家庭出发，个人或是把其他个人看作财产共有者即公共财产的体现者，或是把其他个人看作同自己并存的独立的所有者即独立的私有者，而在这些独立的私有者之外，原来囊括一切和包罗所有人的公共财产本身，则作为特殊的公有地与这些数量众多的土地私有者一起存在。②

在这两种形式中，各个个人都不是把自己当作劳动者，而是把自己当作所有者和同时也进行劳动的共同体成员。这种劳动的目的不是创造价值——虽然他们也可能造成剩余劳动，以便为自己换取他人的产品，即［其他个人的］剩余产品——相反，他们劳动的目的是保证各个所有者及其家庭以及整个共同体的生存。个人变为上述一无所有的工人，这本身乃是历史的产物。③

① 中共中央马克思恩格斯列宁斯大林著作编译局 . 马克思恩格斯全集：第 46 卷：上［M］. 北京：人民出版社，1979：466.
② 中共中央马克思恩格斯列宁斯大林著作编译局 . 马克思恩格斯全集：第 46 卷：上［M］. 北京：人民出版社，1979：471.
③ 中共中央马克思恩格斯列宁斯大林著作编译局 . 马克思恩格斯全集：第 46 卷：上［M］. 北京：人民出版社，1979：471.

在这种土地所有制的第一种形式中，第一个前提首先是自然形成的共同体：家庭和扩大成为部落的家庭，或通过家庭之间互相通婚［而组成的部落］，或部落的联合。因为我们可以设想，游牧，总而言之流动，是生存方式的最初的形式，部落不是定居在一个固定的地方，而是在哪里找到草场就在哪里放牧（人类不是天生定居的；只有在特别富饶的自然环境里，人才有可能像猿猴那样栖息在某一棵树上，否则总是像野兽那样到处游荡），所以，部落共同体，即天然的共同体，并不是共同占有（暂时的）和利用土地的结果，而是其前提。①

一旦人类终于定居下来，这种原始共同体就将依种种外界的（气候的、地理的、物理的等）条件，以及他们的特殊的自然习性（他们的部落性质）等，而或多或少地发生变化。自然形成的部落共同体（血缘、语言、习惯等的共同性），或者也可以说群体，是人类占有他们生活的客观条件和占有再生产这种生活自身并使之物化的活动（牧人、猎人、农人等的活动）的客观条件的第一个前提。②

土地是一个大实验场，是一个武库，既提供劳动资料，又提供劳动材料，还提供共同体居住的地方，即共同体的基础。

---

① 中共中央马克思恩格斯列宁斯大林著作编译局. 马克思恩格斯全集：第46卷：上［M］. 北京：人民出版社，1979：472.

② 中共中央马克思恩格斯列宁斯大林著作编译局. 马克思恩格斯全集：第46卷：上［M］. 北京：人民出版社，1979：472.

人类素朴天真地把土地看作共同体的财产，而且是在活劳动中生产并再生产自身的共同体的财产。每一个单个的人，只有作为这个共同体的一个肢体，作为这个共同体的成员，才能把自己看成所有者或占有者。①

通过劳动过程而实现的实际占有是在这样一些前提下进行的，这些前提本身并不是劳动的产物，而是表现为劳动的自然的或神授的前提。这种以同一基本关系［即土地公有制］为基础的形式，本身可能以十分不同的方式实现出来。例如，跟这种形式完全不矛盾的是，在大多数亚细亚的基本形式中，凌驾于所有这一切小的共同体之上的总合的统一体表现为更高的所有者或唯一的所有者，实际的公社却只不过表现为世袭的占有者。因为这种统一体是实际的所有者，并且是公共财产的真正前提，所以统一体本身能够表现为一种凌驾于这许多实际的单个共同体之上的特殊东西，而在这些单个的共同体中，每一个单个的人在事实上失去了财产，或者说，财产（即单个的人把劳动和再生产的自然条件看作属于他的条件，看作客观的条件，看作他在无机自然界发现的他的主体的躯体）对这单个的人来说是间接的财产，因为这种财产，是由作为这许多共同体之父的专制君主所体现的统一总体，通过这些单个的公社而赐予他的。因此，剩余产品（其实，这在立法上被规定为通过劳

---

① 中共中央马克思恩格斯列宁斯大林著作编译局. 马克思恩格斯全集：第 46 卷：上［M］. 北京：人民出版社，1979：472.

动而实际占有的成果）不言而喻地属于这个最高的统一体。①

　　因此，在东方专制制度下以及那里从法律上看似乎并不存在财产的情况下，这种部落的或公社的财产事实上是作为基础而存在的，这种财产大部分是在小公社范围内通过手工业和农业相结合而创造出来的，因此，这种公社完全能够独立存在，而且在自身中包含着再生产和扩大生产的一切条件。公社的一部分剩余劳动属于最终作为个人而存在的更高的共同体，而这种剩余劳动既表现在贡赋等的形式上，也表现在为了颂扬统一体——部分的是为了颂扬现实的专制君主，部分地为了颂扬想象的部落体即神——而共同完成的工程上。②

　　这类公社财产，只要它在这里确实是在劳动中实现的，就或是可能这样表现出来：各个小公社彼此独立地勉强度日，而在公社内部，单个的人则同自己的家庭一起，独立地在分配给他的份地上从事劳动（必须有一定量的劳动，一方面用于公共储备，可以说是为了保险；另一方面，用于支付共同体本身的费用，即用于战争、祭祀等。正是在这种情况下，例如在斯拉夫公社、罗马尼亚公社等地方，才第一次出现最原始意义上的领主的财产支配权。在这里奠定了向徭役制过渡的基础等）；

---

① 中共中央马克思恩格斯列宁斯大林著作编译局．马克思恩格斯全集：第46卷：上［M］．北京：人民出版社，1979：472-473.
② 中共中央马克思恩格斯列宁斯大林著作编译局．马克思恩格斯全集：第46卷：上［M］．北京：人民出版社，1979：473.

131

或是可能这样表现出来：统一体能够使劳动过程本身具有共同性，这种共同性能够成为整套制度，例如在墨西哥，特别是在秘鲁，在古代凯尔特人那里，在印度的某些部落中就是这样。①

其次，部落体内部的共同性还可能这样表现出来：统一体或是由部落中一个家庭的首领来代表，或是表现为各个家长彼此间的联系。与此相应，这种共同体的形式就或是较为专制的，或是较为民主的。在这种情况下，那些通过劳动而实际占有的共同的条件，如在亚细亚各民族中起过非常重要作用的灌溉渠道，还有交通工具等，就表现为更高的统一体，即凌驾于各小公社之上的专制政府的事业。②

［所有制的］第二种形式——它也像第一种形式一样，曾经在地域上、历史上等发生一些重大的变化——是原始部落更为动荡的历史生活、各种遭遇以及变化的产物，它也要以共同体作为第一个前提，但不像在第一种情况下那样：共同体是实体，而个人则只不过是实体的偶然因素，或者是实体的纯粹自然形成的组成部分。这第二种形式不是以土地作为自己的基础，而是以城市作为农民（土地所有者）的已经建立的居住地。耕地表现为城市的领土，而不是［像在第一种形式中那

---

① 中共中央马克思恩格斯列宁斯大林著作编译局 . 马克思恩格斯文集：第 8 卷［M］. 北京：人民出版社，2009：125.
② 中共中央马克思恩格斯列宁斯大林著作编译局 . 马克思恩格斯文集：第 8 卷［M］. 北京：人民出版社，2009：125.

样］村庄表现为土地的单纯附属物。①

　　土地本身，无论它的耕作、它的实际占有会有多大障碍，也并不妨碍把它当作活的个体的无机自然，当作他的工作场所，当作主体的劳动资料、劳动对象和生活资料。一个共同体所遭遇的困难，只能是由其他共同体引起的，后者或是先已占领了土地，或是到这个共同体已占领的土地上来骚扰。因此，战争就或是为了占领生存的客观条件，或是为了保护并永久保持这种占领所要求的巨大的共同任务，巨大的共同工作。因此，这种由家庭组成的公社首先是按军事方式组织起来的，是军事组织和军队组织，而这是公社以所有者的资格而存在的条件之一。住宅集中于城市，是这种军事组织的基础。②

　　这种共同体继续存在下去的前提，是组成共同体的那些自由而自给自足的农民之间保持平等，以及作为他们财产继续存在的条件的本人劳动。他们把自己看作劳动的自然条件的所有者；但这些条件还必须不断地通过亲身劳动才真正成为个人的人格的、他的个人劳动的条件和客观因素。③

　　另一方面，这个小的军事的共同体的趋向，又促使它越出

---

① 中共中央马克思恩格斯列宁斯大林著作编译局．马克思恩格斯文集：第 8 卷［M］．北京：人民出版社，2009：126.
② 中共中央马克思恩格斯列宁斯大林著作编译局．马克思恩格斯全集：第 46 卷：上［M］．北京：人民出版社，1979：475.
③ 中共中央马克思恩格斯列宁斯大林著作编译局．马克思恩格斯全集：第 46 卷：上［M］．北京：人民出版社，1979：476.

这些范围等（罗马、希腊、犹太人等）。①

因为贵族在较高的程度上代表共同体，所以他们是公有地的占有者，并且通过自己的被保护民等来利用公有地（后来便逐渐地据为己有）。②

〔日耳曼的〕公社既不是使单个的人只表现为偶然因素的那种实体〔像在东方公社中那样〕，也不是〔像在古代公社中〕那样的一般物，那种一般物本身，无论是在单个人的观念中，还是从城市的存在和公社的城市需要不同于单个人的存在和需要来说，或者从公社的城市土地这种特殊存在不同于公社成员的特殊经济存在来说，都是一个存在着的统一体。与此相反，日耳曼的公社本身，一方面，作为语言、血统等等的共同体，是个人所有者存在的前提；另一方面，日耳曼的公社事实上只存在于公社为着公共目的而举行的实际集会上，而就公社具有一种特殊的经济存在（表现为共同使用猎场、牧场等等）而言，它是被每一个个人所有者以个人所有者的身份来使用，而不是以国家代表的身份（像在罗马那样）来使用的。这实际上是个人所有者的公共财产，而不是在城市中另有其特殊存在

---

① 中共中央马克思恩格斯列宁斯大林著作编译局. 马克思恩格斯全集：第46卷：上〔M〕. 北京：人民出版社，1979：476-477.
② 中共中央马克思恩格斯列宁斯大林著作编译局. 马克思恩格斯全集：第46卷：上〔M〕. 北京：人民出版社，1979：479.

方式而与单个人相区别的那种个人所有者联合体的公共财产。①

要使公社本身照老样子继续存在下去，公社成员的再生产就必须在原有的客观条件下进行。生产本身，人口的增长（这也属于生产），必然要逐渐扬弃这些条件，破坏这些条件，而不是加以再生产等，这样，共同体就同作为其基础的所有制关系一起瓦解了。②

作为共同体的一个天然的成员，他在公共财产中有自己的一部分，并有特殊的一份为自己占有；正如他生来是罗马公民，对公有地有（至少是）观念上的要求权，而对于若干罗马亩的土地等则有实际上的要求权一样。③

他的财产，即他把他的生产的自然前提看作是属于他的，看作是他自己的东西这样一种关系，要以他本身是共同体的天然成员为媒介（共同体的抽象，即其成员除语言等而外几乎毫无共同的东西，甚至语言也不一定是共同的，这显然是晚得多的历史条件的产物）。例如，就单个的人来说，很清楚，他只是作为某一人类共同体的天然成员，才把语言看作是自己的。

---

① 中共中央马克思恩格斯列宁斯大林著作编译局．马克思恩格斯全集：第46卷：上［M］．北京：人民出版社，1979：482.
② 中共中央马克思恩格斯列宁斯大林著作编译局．马克思恩格斯全集：第46卷：上［M］．北京：人民出版社，1979：484.
③ 中共中央马克思恩格斯列宁斯大林著作编译局．马克思恩格斯全集：第46卷：上［M］．北京：人民出版社，1979：489.

把语言看作单个人的产物，这是荒谬绝伦的。同样，财产也是如此。①

语言本身是一定共同体的产物，正像从另一方面说，语言本身就是这个共同体的存在，而且是它的不言而喻的存在一样。②

某一个共同体，在它把生产的自然条件——土地（如果我们立即来考察定居的民族）——当作自己的东西来对待时，会碰到的唯一障碍，就是业已把这些条件当作自己的无机体而加以占据的另一共同体。因此，战争就是每一个这种自然形成的共同体的最原始的工作之一，既用以保护财产，又用以获得财产。③

假如把人本身也作为土地的有机附属物而同土地一起加以夺取，那么，这也就是把他作为生产的条件之一而一并加以夺取，这样便产生奴隶制和农奴制，而奴隶制和农奴制很快就败坏和改变一切共同体的原始形式，并使自己成为它们的基础。

---

① 中共中央马克思恩格斯列宁斯大林著作编译局.马克思恩格斯全集：第46卷：上 [M].北京：人民出版社，1979：489.
② 中共中央马克思恩格斯列宁斯大林著作编译局.马克思恩格斯全集：第46卷：上 [M].北京：人民出版社，1979：489.
③ 中共中央马克思恩格斯列宁斯大林著作编译局.马克思恩格斯全集：第46卷：上 [M].北京：人民出版社，1979：490.

简单的组织因此便取得了否定的规定。①

这些自然的生产条件的形式是双重的：（1）人作为某个共同体的成员的存在，因而，也就是这个共同体的存在，其原始形式是部落体，是或多或少有所改变的部落体；（2）以共同体为媒介，把土地看作自己的土地，即公共土地财产对个人来说同时又是个人占有物，或者是这样：只有土地的果实实行分配，而土地本身及其耕作仍然是共同的（但住所等，哪怕是斯基台人的四轮车，也总是由个人占有）。对活的个体来说，生产的自然条件之一，就是他属于某一自然形成的社会，部落等。这一点，举例来说，已经是发展他的语言等的条件了。他自身的生产存在，只有在这个条件下才是可能的。②

可见，财产意味着：个人属于某一部落（共同体）（意味着在其中有着主客体的存在），而以这个共同体把土地看作是它的无机体这种关系为媒介，个人把土地、把外在的原始生产条件（因为土地同时既是原料，又是工具，又是果实）看作属于他的个体的前提、看作是他的个体的存在方式。我们把这种财产归结为对生产条件的关系。③

---

① 中共中央马克思恩格斯列宁斯大林著作编译局．马克思恩格斯全集：第46卷：上［M］．北京：人民出版社，1979：490-491.

② 中共中央马克思恩格斯列宁斯大林著作编译局．马克思恩格斯全集：第46卷：上［M］．北京：人民出版社，1979：491.

③ 中共中央马克思恩格斯列宁斯大林著作编译局．马克思恩格斯全集：第46卷：上［M］．北京：人民出版社，1979：492.

以部落体（共同体最初就归结为部落体）为基础的财产的基本条件就是：必须是部落的一个成员。这就使被这个部落所征服或制服的其他部落丧失财产，而且使它沦为这个部落的再生产的无机条件之一，共同体是把这些条件看作归自己所有的东西。所以奴隶制和农奴制只是这种以部落体为基础的财产的继续发展。它们必然改变部落体的一切形式。在亚细亚形式下，它们所能改变的最少。这种财产形式是建立在自给自足的工农业统一之上的，在这种情况下，和在土地财产、农业独占统治的地方不同，征服［其他共同体］并不是一个必要条件。而从另一方面说，因为在这种财产形式下，单个的人从来不能成为所有者，而只不过是占有者，实质上他本身就是作为公社统一体的体现者的那个人的财产，即奴隶，所以奴隶制在这里并不破坏劳动的条件，也不改变本质的关系。①

其次，很清楚：

既然财产仅仅是有意识地把生产条件看作是自己所有这样一种关系（对于单个的人来说，这种关系是由共同体造成、在共同体中被宣布为法律并由共同体保证的），也就是说，既然生产者的存在表现为一种在属于他所有的客观条件中的存在，那么，财产就只是通过生产本身而实现的。实际的占有，从一开始就不是发生在对这些条件的想象的关系中，而是发生在对这些条件的能动的、现实的关系中，也就是实际上把这些条件

---

① 中共中央马克思恩格斯列宁斯大林著作编译局．马克思恩格斯全集：第46卷：上［M］．北京：人民出版社，1979：492-493.

变为自己的主体活动的条件。①

当罗马城建筑起来而其周围的土地被罗马公民耕种之后，共同体的条件便和以前不同了。所有这些共同体的目的就是把形成共同体的个人作为所有者加以保存，即再生产出来，也就是说，在这样一种客观存在方式中把他们再生产出来，这种客观存在方式既形成公社成员之间的关系，同时又因而形成公社本身。但是，这种再生产必然既是旧形式的重新生产，同时又是旧形式的破坏。②

要想消除这种障碍，就得实行移民，要实行移民就必须进行征服战争，结果就会有奴隶等。例如公有地也会增加，因而也会有作为共同体代表的贵族等。③

可见，旧共同体的保存包含着被它当作基础的那些条件的破坏，这种保存会向对立面转化。例如，如果设想，原有土地面积上的生产率能够通过发展生产力等（在旧的传统的土地耕作方式之下，这种发展恰好是最缓慢的）而提高，那么，这就意味着会有新的劳动方式，新的劳动结合，每天会有很大一部

---

① 中共中央马克思恩格斯列宁斯大林著作编译局. 马克思恩格斯全集：第46卷：上 [M]. 北京：人民出版社，1979：493.
② 中共中央马克思恩格斯列宁斯大林著作编译局. 马克思恩格斯全集：第46卷：上 [M]. 北京：人民出版社，1979：493-494.
③ 中共中央马克思恩格斯列宁斯大林著作编译局. 马克思恩格斯全集：第46卷：上 [M]. 北京：人民出版社，1979：494.

分时间用在农业上等，而这又会破坏共同体的旧有的经济条件。在再生产的行为本身中，不但客观条件改变着，例如乡村变为城市，荒野变为清除了林木的耕地等，而且生产者也改变着，炼出新的品质，通过生产而发展和改造着自身，造成新的力量和新的观念，造成新的交往方式，新的需要和新的语言。①

生产方式本身越是保持旧的传统（在农业中，传统的方式是保持得很久的，而在东方的那种农业与工业的结合中，保持得更久），也就是说，占有的实际过程越是保持不变，那么，旧的所有制形式，从而共同体本身，也就越是固定。②

凡是公社成员作为私有者已经同作为城市公社以及作为城市领土所有者的自身分开的地方，那里也就出现了单个的人可能丧失自己的财产的条件，也就是丧失使他既成为平等公民即共同体成员，又成为所有者的那种双重关系。在东方的形式中，如果不是由于纯粹外界的影响，这样的丧失几乎是不可能的，因为公社的单个成员对公社从来不处于可能会使他丧失他同公社的联系（客观的、经济的联系）的那种自由的关系之中。他是同公社牢牢地长在一起的。其原因也在于工业和农业

---

① 中共中央马克思恩格斯列宁斯大林著作编译局．马克思恩格斯全集：第46卷：上［M］．北京：人民出版社，1979：494．
② 中共中央马克思恩格斯列宁斯大林著作编译局．马克思恩格斯全集：第46卷：上［M］．北京：人民出版社，1979：494．

的结合，城市（乡村）和土地的结合。①

在古代人［希腊人和罗马人］那里，工业已被认为是有害的职业（是释放的奴隶、被保护民、外地人干的事情）等。生产劳动的这种发展（即这种劳动作为只是为农业和战争服务的自由人的家庭劳动，或者作为为宗教祭祀和共同体服务的工业，如建造房屋、修筑道路、兴建庙宇等，而从单纯从属于农业的状况中摆脱出来），是必然要完成的，这是由于同外地人交往，由于有奴隶，由于要交换自己的剩余产品等；这种发展使那种成为共同体的基础的、因而也成为每一个客观的个人（即作为罗马人、希腊人等的个人）的基础的生产方式发生解体。交换也起同样的作用，还有债务等。②

共同体（部落体）的特殊形式和与它相联系的对自然界的所有这二者的原始统一，或者说，把生产的客观条件当作自然存在，当作以公社为媒介的单个人的客观存在这样一种关系——这种统一，一方面表现为一种特殊的财产形式——在一定的生产方式本身中具有其活生生的现实性；这种生产方式既表现为个人之间的相互关系，又表现为他们对无机自然界的一定的实际的关系，表现为一定的劳动方式（这种劳动方式总是

---

① 中共中央马克思恩格斯列宁斯大林著作编译局. 马克思恩格斯全集：第46卷：上［M］. 北京：人民出版社，1979：494-495.

② 中共中央马克思恩格斯列宁斯大林著作编译局. 马克思恩格斯全集：第46卷：上［M］. 北京：人民出版社，1979：495.

表现为家庭劳动，常常是表现为公社劳动）。共同体本身作为第一个伟大的生产力而出现；特殊的生产条件（例如畜牧业、农业）发展起特殊的生产方式和特殊的生产力，既有表现为个人特性的主观的生产力，也有客观的生产力。①

劳动主体所组成的共同体，以及以此共同体为基础的财产，归根到底归结为劳动主体的生产力发展的一定阶段，而和该阶段相适应的是劳动主体相互间的一定关系和他们对自然界的一定关系。在某一定点之前——是再生产。再往后，便转化而为解体。②

个人把劳动条件看作是自己的东西（这不是劳动即生产的结果，而是其前提），这是以个人作为某一部落体或共同体的成员的一定的存在为前提的（他本身在某种程度上就是共同体的财产）。③

在奴隶制、农奴制等之下，劳动者本身表现为服务于某一第三者个人或共同体的自然生产条件之一（这不适用于例如东方的普遍奴隶制，这仅仅是从欧洲的观点来看的）；这样一来，

---

① 中共中央马克思恩格斯列宁斯大林著作编译局 . 马克思恩格斯全集：第 46 卷：上［M］. 北京：人民出版社，1979：495.

② 中共中央马克思恩格斯列宁斯大林著作编译局 . 马克思恩格斯全集：第 46 卷：上［M］. 北京：人民出版社，1979：495—496.

③ 中共中央马克思恩格斯列宁斯大林著作编译局 . 马克思恩格斯全集：第 46 卷：上［M］. 北京：人民出版社，1979：496.

财产就已经不是什么亲身劳动的个人对客观的劳动条件的关系了。奴隶制、农奴制等总是派生的形式，而决不是原始的形式，尽管它们是以共同体为基础的和以共同体下的劳动为基础的那种所有制的必然的和当然的结果。①

当然，非常简单的是，设想有个体力超群的大力士，起先捉野兽，后来便捉人，迫使人去捉野兽，总之，像利用自然界中任何其他生物一样，把人当作自然界中现有的条件之一来加以利用，用于自己的再生产（这时他自己的劳动就归结为统治）。可是，这样的看法是荒谬的（不管就某一个部落体或共同体看来多么有道理），因为它是从孤立的人的发展出发的。②

人的孤立化，只是历史过程的结果。最初人表现为种属群、部落体、群居动物——虽然决不是政治意义上的政治动物。交换本身就是造成这种孤立化的一种主要手段。它使群的存在成为不必要，并使之解体。于是事情就成了这样，即作为孤立个人的人便只有依靠自己了，然而，使自己确立为一个孤立的个人所需要的手段，又使自己成为普遍的和共同体的生物。在这种共同体里，成为前提的是单个的人作为所有者（比如说作为土地所有者）的客观存在，而且这又是发生在一定的

---

① 中共中央马克思恩格斯列宁斯大林著作编译局．马克思恩格斯全集：第46卷：上［M］．北京：人民出版社，1979：496.
② 中共中央马克思恩格斯列宁斯大林著作编译局．马克思恩格斯全集：第46卷：上［M］．北京：人民出版社，1979：496-497.

条件之下的，这些条件把单个的人锁在这个共同体上，或者不如说，成为共同体锁链上的一环。例如在资产阶级社会里，工人完全丧失了客观存在的资料，他只是主观上存在着；而和他对立的东西，现在却变成真正的共同体，工人力图吞食它，但它却吞食着工人。①

凡是共同体以主体与其生产条件有着一定的客观统一为前提，或者说，主体的一定的存在以作为生产条件的共同体本身为前提的所有一切形式（它们或多或少是自然形成的，但同时也都是历史过程的结果），必然地只和有限的而且是原则上有限的生产力的发展相适应。生产力的发展使这些形式解体，而它们的解体本身又是人类生产力的某种发展。人们先是在一定的基础上——起先是自然形成的基础，然后是历史的前提——从事劳动的。可是到后来，这个基础或前提本身就被扬弃，或者说成为对于不断前进的人群的发展来说过于狭隘的、正在消灭的前提。②

这里谈的首先是以下的问题：劳动对资本的关系，或者说，劳动对作为资本的劳动客观条件的关系，是以促使各种不同的形式——在这些形式下，劳动者是所有者，或者说所有者

---

① 中共中央马克思恩格斯列宁斯大林著作编译局．马克思恩格斯全集：第46卷：上［M］．北京：人民出版社，1979：497．
② 中共中央马克思恩格斯列宁斯大林著作编译局．马克思恩格斯全集：第46卷：上［M］．北京：人民出版社，1979：497．

本身从事劳动——发生解体的历史过程为前提的。

因此，首先包括以下几点：

（1）劳动者把土地当作生产的自然条件的那种关系的解体，即他把这种条件看作是自身的无机存在，看作是自己力量的实验场和自己意志所支配的领域的那种关系的解体。这种所有制所表现出来的一切形式，都是以这样一种共同体为前提的，这种共同体的成员彼此间虽然可能有形式上的差异，但作为共同体的成员，他们都是所有者。所以，这种所有制的原始形式本身就是直接的公有制（东方形式，这种形式在斯拉夫人那里有所变形；直到发展成对立物，但在古代的和日耳曼的所有制中仍然是隐蔽的——尽管是对立的——基础）。①

（2）劳动者是工具所有者的那种关系的解体。正如上述的土地所有制形式以现实的共同体为前提那样，劳动者对他的工具的这种所有制，则以手工业劳动这一工业劳动发展的特殊形式为前提；同这种劳动形式相联系的是行会同业公会制度等（古代东方的工业在考察上述第一点时就可以加以分析）。在这里，劳动本身一半还是技艺，一半则是目的本身等。②

因为工具本身已经是劳动的产物，也就是说，构成财产的

---

① 中共中央马克思恩格斯列宁斯大林著作编译局. 马克思恩格斯全集：第46卷：上［M］. 北京：人民出版社，1979：498.

② 中共中央马克思恩格斯列宁斯大林著作编译局. 马克思恩格斯全集：第46卷：上［M］. 北京：人民出版社，1979：498-499.

要素已经是由劳动生产的要素，所以在这里，共同体（指这个第二类财产借以建立的共同体），就不能再像第一种情况下那样以一种自然形成的形式出现了，共同体本身已经是被创造出来的、产生出来的、派生出来的、由劳动者本身创造出来的共同体。显然，凡是在工具的所有表现为把劳动的生产条件看作财产的地方，工具在实际的劳动中仅仅表现为个人劳动的手段；那种使他实际上占有工具并把工具作为劳动资料来使用的技艺，表现为劳动者的特殊技能，这种特殊技能使他成为工具所有者。①

财产的各种原始形式，必然归结为把各种制约着生产的客观因素看作归自己所有这样一种关系；这些原始形式构成各种形式的共同体的经济基础，同样它们又以一定形式的共同体作为前提。②

第三种财产形式，即对生活资料的所有权——如果不是归结为奴隶制和农奴制——不可能包含劳动的个人对生产条件，因而对生存条件的关系。因此，它只能是以土地财产为基础的原始共同体的这样一些成员的关系，他们失去了自己的土地财产，但还没有达到第二种财产形式；面包和娱乐时代的罗马平

---

① 中共中央马克思恩格斯列宁斯大林著作编译局. 马克思恩格斯全集：第46卷：上［M］. 北京：人民出版社，1979：501.
② 中共中央马克思恩格斯列宁斯大林著作编译局. 马克思恩格斯全集：第46卷：上［M］. 北京：人民出版社，1979：502.

民的情形就是这样。①

这里同时又可以看到，交换和交换价值的发展（这种交换价值到处以商业为媒介，或者说它的媒介可以称为商业；货币在商人等级中保持独立的存在，同样，流通则在商业中保持独立的存在），一方面导致劳动对其生存条件的所有权关系的解体，另一方面又导致把劳动本身列入客观生产条件〔的关系的解体〕；所有这些关系既表明使用价值和以直接消费为目的的生产占优势，也表明那种本身还直接作为生产前提而存在的现实的共同体占优势。②

以交换价值为基础的生产和以这种交换价值的交换为基础的共同体——尽管像我们在论货币的上一章中所看到的那样，它们会造成一种外观，仿佛财产仅仅是劳动的结果，对自己劳动产品的私有是〔劳动的〕条件——以及作为财富的一般条件的劳动，这都是以劳动与其客观条件相分离为前提的，而且也产生这种分离。这种等价物的交换是存在的，不过，它仅仅是建立在不通过交换却又在交换假象的掩盖下来占有他人劳动这一基础上的生产的表层而已。这种交换制度是以资本为基础的，而且，如果把它同资本分开来考察，也就是说，像它在表

---

① 中共中央马克思恩格斯列宁斯大林著作编译局. 马克思恩格斯全集：第 46 卷：上〔M〕. 北京：人民出版社，1979：502.
② 中共中央马克思恩格斯列宁斯大林著作编译局. 马克思恩格斯全集：第 46 卷：上〔M〕. 北京：人民出版社，1979：512–513.

面上所表现的那样，把它看作独立的制度，那么，这只是一种假象，不过这是必然的假象。①

在劳动把它的生产条件看作是自己的财产的各种形式中，劳动者的再生产都不是由单纯的劳动所决定的，因为劳动者的所有权关系，不是他的劳动的结果，而是他的劳动的前提。这一点在土地所有权上是很明显的；在行会制度下也必然清楚的是，在这里由劳动所构成的特殊形式的财产，并不是建立在单纯的劳动或劳动的交换上，而是建立在劳动者同一定的共同体的客观联系上，建立在劳动者同他所遇到的、作为他的产生基础的一定条件的客观联系上。这种条件也是劳动的产物，是世界历史性的劳动的产物，共同体的劳动的产物——是共同体的历史发展的产物，这种发展既不是从单个人的劳动出发，也不是从他们的劳动交换出发的。②

蒲鲁东的"叙事的和哲学的历史"不见得能赶上他的对手巴师夏的同类著述。巴师夏认为，一切成员分享一切偶然机会的联合体的最初形式，应让位于联合体的更高的、双方自愿议定的阶段，在这个阶段上，工人的报酬是固定的。这个天才先假定一方存在资本家，另一方存在工人，然后好通过双方的协

① 中共中央马克思恩格斯列宁斯大林著作编译局. 马克思恩格斯全集：第46卷：上［M］. 北京：人民出版社，1979：513.

② 中共中央马克思恩格斯列宁斯大林著作编译局. 马克思恩格斯全集：第46卷：上［M］. 北京：人民出版社，1979：519.

议建立资本和雇佣劳动之间的关系。对于这样的天才，我们在
这里不想让人们再去注意了。①

　　在联合体的最初形式中，工人在收入上要取决于一切偶然
机会，一切生产者都同样取决于这种机会，并且这种联合体的
形式，正像正题出现在反题之前一样，直接出现在劳动报酬借
以取得固定性，成为固定东西的那样一种工资之前——这种联
合体的形式，正像我们从巴师夏那里听到的，是捕鱼、狩猎、畜
牧在其中成为占统治地位的生产形式和社会形式的一种状态。②

　　于是，在历史上，不固定性是雇佣劳动制度的特点，也就
是说，和巴师夏的结构正好相反。但是，他是怎样把固定性看
作雇佣劳动制度的弥补一切的规定而得出这种固定性的结构的
呢？他是怎样企图把具有这一规定的雇佣劳动制度当作报酬的
更高形式，即当作其他社会形式或联合体形式中的劳动报酬的
更高形式而从历史上加以说明的呢？③

　　这样，在他那里，关于工资和利润的关系的一个方面的这
种陈腐思想就悄悄地变为整个这种关系的历史基础。这种情况

　　①　中共中央马克思恩格斯列宁斯大林著作编译局. 马克思恩格斯全集：第 46
　　　　卷：上 ［M］. 北京：人民出版社，1979：13.
　　②　中共中央马克思恩格斯列宁斯大林著作编译局. 马克思恩格斯全集：第 46
　　　　卷：上 ［M］. 北京：人民出版社，1979：13.
　　③　中共中央马克思恩格斯列宁斯大林著作编译局. 马克思恩格斯全集：第 46
　　　　卷：上 ［M］. 北京：人民出版社，1979：14.

之所以发生，是由于他一直为这样一种社会主义而冥思苦想，这种社会主义往后到处都被他梦想为联合体的最初形式。这个例子表明，在经济学家们的论述中通常只是占据次要地位的那些辩护性的陈腐思想，在巴师夏那里具有多么重要的形式。①

个人的产品或活动必须先转化为交换价值的形式，转化为货币，才能通过这种物的形式取得和表明自己的社会权力，这种必要性本身表明了两点：（1）个人只能为社会和在社会中进行生产；（2）他们的生产不是直接的社会的生产，不是本身实行分工的联合体的产物。个人从属于像命运一样存在于他们之外的社会生产；但社会生产并不从属于把这种生产当作共同财富来对待的个人。②

同样，这种劳动就其物质的统一来说，则从属于机器的，固定资本的物的统一。这种固定资本像一个有灵性的怪物把科学思想客体化了，它实际上是一个联合体，它决不是作为工具同单个工人发生关系，相反，工人却作为有灵性的单个点，作为活的孤立的附属品附属于它。③

---

① 中共中央马克思恩格斯列宁斯大林著作编译局．马克思恩格斯全集：第 46 卷：上 ［M］．北京：人民出版社，1979：15.

② 中共中央马克思恩格斯列宁斯大林著作编译局．马克思恩格斯全集：第 46 卷：上 ［M］．北京：人民出版社，1979：105.

③ 中共中央马克思恩格斯列宁斯大林著作编译局．马克思恩格斯全集：第 46 卷：上 ［M］．北京：人民出版社，1979：469.

　　公社的继续存在，便是那作为自给自足的农民的全体公社成员的再生产，他们的剩余时间正是属于公社，属于战争事业等。对自己劳动的所有，是由对劳动条件的所有即对一块耕地的所有来做媒介的，而对劳动条件的所有则是由公社的存在而得到保障的，公社又是由公社成员的服兵役等的形式的剩余劳动而得到保障的。公社成员不是通过创造财富的劳动协作来再生产自己，而是通过为了在对内对外方面保持联合体这种共同利益（想象的和真实的共同利益）所进行的劳动协作来再生产自己。财产是魁里特的财产，是罗马人的财产；土地私有者只是作为罗马人才是土地私有者，但是，作为罗马人，他一定是土地私有者。①

　　当联合在城市中的时候，公社本身就具有了某种经济存在；城市本身的单纯存在与仅仅是众多的独立家庭不同。在这里，整体并不是由它的各个部分组成。它是一种独立的有机体。在日耳曼人那里，各个家长住在森林之中，彼此相隔很远的距离，即使从外表来看，公社也只是存在于公社成员每次集会的形式中，虽然他们的自在的统一体体现在他们的家世渊源、语言、共同的过去和历史等当中。②

---

① 中共中央马克思恩格斯列宁斯大林著作编译局 . 马克思恩格斯全集：第 46 卷：上 ［M］. 北京：人民出版社，1979：477.
② 中共中央马克思恩格斯列宁斯大林著作编译局 . 马克思恩格斯全集：第 46 卷：上 ［M］. 北京：人民出版社，1979：480.

因此，公社便表现为一种联合而不是联合体，表现为以土地所有者为独立主体的一种统一，而不是表现为统一体。因此公社事实上便不是像在古代民族那里那样，作为国家、作为国家组织而存在，因为它不是作为城市而存在的。为了使公社具有现实的存在，自由的土地所有者必须举行集会，而例如在罗马，除了这些集会之外，公社还存在于城市本身和掌管城市的官吏等的形式中。①

以往的一切社会形式都由于财富的发展，或者同样可以说，由于社会生产力的发展而没落了。因此，在意识到这一点的古代人那里，财富被直接当作使共同体解体的东西加以抨击。封建制度也由于城市工业、商业、现代农业（甚至由于个别的发明，如火药和印刷机）而没落了。②

就在斯拉夫公社中，货币以及作为货币的条件的交换，也不是或者很少是出现在各个公社内部，而是出现在它们的边界上，出现在与其他公社的交往中，因此，把同一公社内部的交换当作原始构成因素，是完全错误的。相反地，与其说它起初发生在同一公社内部的成员间，不如说它发生在不同公社的相

---

① 中共中央马克思恩格斯列宁斯大林著作编译局. 马克思恩格斯全集：第46卷：上［M］. 北京：人民出版社，1979：480.
② 中共中央马克思恩格斯列宁斯大林著作编译局. 马克思恩格斯文集：第8卷［M］. 北京：人民出版社，2009：170.

互关系中。①

水路作为自己流动、自行运动的道路，主要是商业民族的道路。另一方面，陆路最初是归共同体掌管，后来长期归政府掌管；它们是产品的纯扣除，由国家的总剩余产品中支出，但不构成国家财富的源泉，也就是说，不能补偿它自己的生产费用。②

如果劳动的一般标准已达到比如说一个劳动者靠 6 个月的客体化劳动就能维持一年的生活，那么，如果整条道路都由他修筑，他就可以为自己创造 6 个月劳动的剩余价值；或者，如果这条道路由共同体修筑，而劳动者只愿意在必要时间内劳动，那就必须再找另一个劳动者来劳动 6 个月。资本家则相反，他迫使一个工人劳动 12 个月，而支付给他的是 6 个月的报酬。③

不管是用徭役劳动来筑路，还是用赋税来筑路，结果是一样的。但是，所以要修筑道路，只是因为它对于共同体是必要的使用价值，因为共同体无论如何都需要它。④

---

① 中共中央马克思恩格斯列宁斯大林著作编译局 . 马克思恩格斯文集：第 8 卷 [M]. 北京：人民出版社，2009：27.
② 中共中央马克思恩格斯列宁斯大林著作编译局 . 马克思恩格斯全集：第 46 卷：下 [M]. 北京：人民出版社，1980：16.
③ 中共中央马克思恩格斯列宁斯大林著作编译局 . 马克思恩格斯全集：第 46 卷：下 [M]. 北京：人民出版社，1980：17.
④ 中共中央马克思恩格斯列宁斯大林著作编译局 . 马克思恩格斯全集：第 46 卷：下 [M]. 北京：人民出版社，1980：17-18.

诚然，这是个人在维持其生存所必需的直接劳动之外一定要完成的剩余劳动——不管是以徭役形式还是以赋税这种间接形式去完成。但是，既然这种劳动无论对于共同体或作为共同体成员的每个个人来说都是必要的，这种劳动就不是个人完成的剩余劳动，而是他的必要劳动的一部分，这种劳动所以必要，是为了使他把他自己作为共同体成员再生产出来，从而也把共同体再生产出来，而共同体本身则是个人从事生产活动的一般条件。①

如果所有一般生产条件，如道路、运河等，不管它们是使流通易于进行，还是只有它们才使流通成为可能，或者是使生产力增长（例如在亚洲的水利工程，以及欧洲由政府兴建的水利工程等等），都要由资本而不是由代表共同体本身的政府来兴建，那就首先要求以资本为基础的生产有高度的发展。公共工程摆脱国家而转入由资本本身经营的工程领域，表明现实共同体在资本形式下成长的程度。②

随着财富的发展，因而也就是随着新的力量和不断扩大的个人交往的发展，那些成为共同体的基础的经济条件，那些与共同体相适应的共同体各不同组成部分的政治关系，以理想的

① 中共中央马克思恩格斯列宁斯大林著作编译局.马克思恩格斯全集：第46卷：下 [M].北京：人民出版社，1980：18.
② 中共中央马克思恩格斯列宁斯大林著作编译局.马克思恩格斯全集：第46卷：下 [M].北京：人民出版社，1980：23-24.

方式来对共同体进行直观的宗教（这二者又都是建立在对自然界的一定关系上的，而一切生产力都归结为自然界），个人的性格、观点等，也都解体了。单是科学——即财富的最可靠的形式，既是财富的产物，又是财富的生产者——的发展，就足以使这些共同体解体。但是，科学这种既是观念的财富同时又是实际的财富的发展，只不过是人的生产力的发展即财富的发展所表现的一个方面，一种形式。①

前面我们已经看到，［劳动者］对生产条件的所有制表现为同狭隘的、一定的共同体形式相一致，因而同狭隘的、一定的个人形式相一致，这种个人具有为组成这种共同体所需的相应品质，即狭隘性和自己的生产力的狭隘发展。而这个前提本身又是生产力的狭隘的历史发展阶段的结果：既是财富的，也是创造财富的方式的狭隘的历史发展阶段的结果。共同体的目的，个人的目的——以及生产的条件——是再生产这种一定的生产条件和个人，既是单个的，也是处于他们的社会划分和社会联系之中的个人，即作为这些条件的活的承担者的个人。②

起初，共同体中的生活和以共同体为媒介把土地当作财产来看待的关系，既是个人再生产的基本前提，又是共同体再生产的基本前提。在游牧民族那里，土地仅仅是游牧生活的条

---

① 中共中央马克思恩格斯列宁斯大林著作编译局．马克思恩格斯全集：第46卷：下［M］．北京：人民出版社，1980：34-35.
② 中共中央马克思恩格斯列宁斯大林著作编译局．马克思恩格斯全集：第46卷：下［M］．北京：人民出版社，1980：35.

件，因此谈不到占有土地。随着农业而出现固定的居住地时，地产起初是公共的，甚至在它已经发展成私有财产的地方，个人同它的关系也表现为是由他同共同体的关系决定的。它仅仅表现为共同体的封地，等等。地产转化为单纯可交换的价值——地产的这种活动化——是资本的产物和国家机体完全从属于资本的产物。因此，即使在土地成了私有财产的地方，它也仅仅在有限的意义上才是交换价值。交换价值是从个别化的、与土地脱离的并通过产业活动（或通过单纯占有）而个体化的自然产品开始的。在这样的地方也初次出现了个人劳动。一般说来，交换最初不是在原始共同体内部开始的，而是在它们的边界上，在它们的尽头开始的。当然，把土地，把共同体的住地拿来交换，把它出卖给别的共同体，将会是背叛。交换只能从自己的最初领域，从动产开始，逐步扩大到不动产。资本只有通过扩大动产，才能逐渐地掌握不动产。货币在这一过程中是主要的要素。①

当然，商业对于那些互相进行贸易的共同体来说，会或多或少地发生反作用。它会使生产日益从属于交换价值，而把直接的使用价值日益排挤到次要地位，因为它会使生活日益依赖于出售，而不是依赖于产品的直接消费。它由此使旧的关系解体。因而它扩大了货币流通。它开始只是牵涉生产的余额，后来就逐渐触及生产本身了。不过，这种解体作用，在很大程度

---

① 中共中央马克思恩格斯列宁斯大林著作编译局. 马克思恩格斯全集：第46卷：下 [M]. 北京：人民出版社，1980：259.

上取决于互相进行贸易的生产共同体的性质。例如，商业几乎没有触动古印度公社和一般的亚洲关系。①

交换一般是在共同体的尽头开始的，而货币作为由交换本身所产生的尺度、交换手段和一般等价物，不是在内部交往中，而是在不同的共同体、民族等之间的交往中才具有特殊重要意义，同样，在16世纪，在资产阶级社会的幼年时期，货币也主要是作为国际支付手段——用来清偿国际债务——引起了各个国家和早期政治经济学的特别注意。②

交换不是在同一共同体内部的个人之间开始的，而是在共同体的尽头——在它们的边界上，在不同共同体的接触点上开始的。不久前有人又发现公社所有制是斯拉夫族特有的一种奇异现象。事实上，印度为我们提供了这种经济共同体的各种各样形式的典型，它们虽然或多或少已经解体了，但仍然完全可以辨认出来；经过更仔细地研究历史，又发现这种共同体是一切文明民族的起点。③

马克思在手稿同一页左上角补写的一句话也许同这个地方

---

① 中共中央马克思恩格斯列宁斯大林著作编译局. 马克思恩格斯全集：第46卷：下 [M]. 北京：人民出版社，1980：389.
② 中共中央马克思恩格斯列宁斯大林著作编译局. 马克思恩格斯全集：第46卷：下 [M]. 北京：人民出版社，1980：403.
③ 中共中央马克思恩格斯列宁斯大林著作编译局. 马克思恩格斯全集：第46卷：下 [M]. 北京：人民出版社，1980：412.

有关，这句话是："货币在这里实际上表现为他们［社会成员］的共同体，这种共同体以物的形式存在于他们自身之外。"①

金银作为交换手段，正像交换本身一样，最初不是出现在某个社会共同体的狭小范围内部，而是出现在共同体的尽头，在它的边界，在它同别的共同体接触的少数地点上。因此，金银成为商品本身，成为在一切地方都保持着财富性质的普遍商品。由于这一形式规定，金银在一切地方都通用。所以金银是一般财富的物质代表。因此在重商主义看来，金银是各个共同体的权力的尺度。②

于是，就会产生这样一个奇怪的结果：资产阶级社会的占有规律的真实性竟不得不被搬到这种社会本身还不存在的那个时代去，而所有权的基本规律不得不被搬到还没有所有权的那个时代去。这种幻觉是显而易见的。最初的生产是建筑在原始共同体的基础上，在共同体内部，私人交换仅仅表现为完全表面的次要的例外。随着这些共同体在历史上解体，立即产生统治和隶属关系，强制关系，这些关系同温和的商品流通以及与之相适应的关系处于尖锐的矛盾之中。③

---

① 中共中央马克思恩格斯列宁斯大林著作编译局. 马克思恩格斯全集：第 46 卷：下 ［M］. 北京：人民出版社，1980：437.

② 中共中央马克思恩格斯列宁斯大林著作编译局. 马克思恩格斯全集：第 46 卷：下 ［M］. 北京：人民出版社，1980：438.

③ 中共中央马克思恩格斯列宁斯大林著作编译局. 马克思恩格斯全集：第 46 卷：下 ［M］. 北京：人民出版社，1980：464-465.

交换者生产商品，并且是为商品生产者而生产。这包括两个方面：一方面，他作为独立的私人而生产，自己主动进行生产，只是取决于他本身的需要和他本身的能力，从本身出发并且为了本身，既不是作为某个自然发生的共同体的成员，也不是作为直接以社会个人的身份参加生产的个人，因而也不把自己的产品当作直接的生存源泉。①

他们只是物质上彼此为对方存在，这种情况在货币关系中才得到进一步发展，在这种关系中，他们的共同体本身对一切人来说表现为外在的、因而是偶然的东西。②

他们是作为社会的个人，在社会里生产并为社会而生产，但同时这仅仅表现为使他们的个性物化的手段。因为他们既不从属于某一自然发生的共同体，另一方面又不是作为自觉的共同体成员使共同体从属于自己，所以这种共同体必然作为同样是独立的、外在的、偶然的、物的东西同他们这些独立的主体相对立而存在。③

古代世界不是以交换价值为生产的基础，相反的是由于交

---

① 中共中央马克思恩格斯列宁斯大林著作编译局. 马克思恩格斯全集：第46卷：下 [M]. 北京：人民出版社，1980：466.
② 中共中央马克思恩格斯列宁斯大林著作编译局. 马克思恩格斯全集：第46卷：下 [M]. 北京：人民出版社，1980：469.
③ 中共中央马克思恩格斯列宁斯大林著作编译局. 马克思恩格斯全集：第46卷：下 [M]. 北京：人民出版社，1980：470.

换价值的发展而毁灭，它产生了具有完全相反的和主要是地方性内容的自由和平等。另一方面，在古代世界中，简单流通的因素在自由民范围内至少已发展起来，所以下面这一点也是可以理解的：在罗马，特别是在罗马帝国（它的历史正是古代共同体解体的历史），法人即交换过程的主体的规定已得到阐述，资产阶级社会的法就其基本规定来说已经制定出来，而首先为了和中世纪相对抗，它必然被当作新兴工业社会的法来看。①

更确切些说，我们是从这一事实出发的：在资本主义生产的条件下，商品是财富的这种一般的、基本的形式。但是，商品生产从而商品流通也能够在不同的共同体之间产生，或者在同一个共同体的不同机构之间产生，虽然绝大部分产品是为了直接满足自身的需要，即作为使用价值来生产的，因而从来不采取商品的形式。②

正如货币首先是在共同体之间［的交换中］发展起来一样，商业首先是作为对外贸易和转运贸易发展起来的。大规模的商业首先是作为转运贸易发展起来的。③

---

① 中共中央马克思恩格斯列宁斯大林著作编译局. 马克思恩格斯全集：第 46 卷：下［M］. 北京：人民出版社，1980：477-478.
② 中共中央马克思恩格斯列宁斯大林著作编译局. 马克思恩格斯全集：第 47 卷［M］. 北京：人民出版社，1979：37.
③ 中共中央马克思恩格斯列宁斯大林著作编译局. 马克思恩格斯全集：第 48 卷［M］. 北京：人民出版社，1985：366-367.

在资产阶级社会以前的阶段中，商业支配着产业：在现代社会里，情况正好相反。当然，商业对于那些互相进行贸易的共同体来说，会或多或少地发生反作用。它会使生产日益从属于交换价值；而把直接的使用价值日益排挤到次要地位，因为它会使生活日益依赖于出售，而不依赖于产品的直接消费；它使旧的关系解体，使货币流通扩大，它不仅掌握了生产［产品］的余额，而且逐渐地吞没了生产本身（在它自己的基础上还建立了各单独的生产部门）。不过，［商业的］这种解体作用，在很大程度上取决于互相进行贸易的生产共同体的性质。例如，商业几乎没有触动古印度公社和一般的亚洲关系。交换中的欺诈是以独立形式表现出来的商业的基础。①

这些工人和儿童在能由他们得到的资本取得自己的复利以前，必须先学会怎样去推动和运用这些资本。其次，市民社会所获得的巨额资本，即使在最活跃的共同体内也要经过多年才会逐渐积累起来，并且不是用来直接扩大劳动，而是相反地，一旦聚积成相当数额，就以贷放的名义，转移给另一个人，一个工人，一个银行或一个国家。②

工资是报酬的固定形式，因此是联合体的一种极完美的形

---

① 中共中央马克思恩格斯列宁斯大林著作编译局．马克思恩格斯全集：第48卷［M］．北京：人民出版社，1985：367-368.
② 中共中央马克思恩格斯列宁斯大林著作编译局．马克思恩格斯全集：第48卷［M］．北京：人民出版社，1985：460.

式，而在联合体的最初的形式中"偶然性"占据统治地位，因为在这里"联合体的一切成员都要受到事业的各种偶然性的支配"。①

蒲鲁东的公理是：一切劳动都应当提供一个余额。从这里可以看出他对这个问题多么不理解。他所否认的属于资本的东西，都被他变为劳动的自然属性。可是，关键在于，满足绝对需求所需要的劳动时间留下了自由时间（自由时间的多少，在生产力发展的不同阶段有所不同），因此，只要进行剩余劳动，就能创造剩余产品。目的是要消除［必要劳动和剩余劳动的］关系本身；这样，剩余产品本身就表现为必要产品了，最后，物质生产也就给每个人留下了从事其他活动的剩余时间。现在这已经是没有什么神秘的了。最初，大自然的赐予是丰富的，或者说，顶多只要去占有它们就行了。联合体（家庭）以及与之相适应的分工和协作，一开始是自然产生的。其实在最初，需求也是极少的。需求本身也只是随着生产力一起发展起来的。②

但是监工之所以必要，只是因为黑人是奴隶，也就是说只有在奴隶制的基础上才是必要的。相反，如果协作，例如在乐队中，需要有一个指挥，那么，指挥劳动的职能在资本的条件

---

① 中共中央马克思恩格斯列宁斯大林著作编译局. 马克思恩格斯全集：第46卷：上［M］. 北京：人民出版社，1979：11.

② 中共中央马克思恩格斯列宁斯大林著作编译局. 马克思恩格斯全集：第46卷：下［M］. 北京：人民出版社，1980：114.

下所采取的形式与它在相反的场合，例如在联合体中所采取的形式是完全不同的，在联合体中，这种指挥劳动的职能是作为一种同其他职能并列的特殊的劳动职能，但不是作为这样一种权力：这种权力把工人自己的统一实现为他们异己的统一，而把对他们劳动的剥削实现为异己的权力对他们进行的剥削。①

公社（作为国家），一方面是这些自由的和平等的私有者间的相互关系，是他们对抗外界的联合，同时也是他们的保障。在这里，公社组织的基础，既在于它的成员是由劳动的土地所有者即拥有小块土地的农民所组成的，也在于拥有小块土地的农民的独立性是由他们作为公社成员的相互关系来维持的，是由确保公有地以满足共同的需要和共同的荣誉等来维持的。②

孤立的个人是完全不可能有土地财产的，就像他不可能会说话一样。诚然，他能够像动物一样，把土地作为实体来维持自己的生存。把土地当作财产，这种关系总是要以处在或多或少自然形成的或历史地发展了的形式中的部落或公社占领土地（和平地或暴力地）为中介。在这里，个人决不可能像单纯的自由工人那样表现为单个的点。如果说，个人劳动的客观条件是作为属于他所有的东西而成为前提，那么，在主观方面，个

---

① 中共中央马克思恩格斯列宁斯大林著作编译局. 马克思恩格斯全集：第47卷 [M]. 北京：人民出版社，1979：299-300.
② 中共中央马克思恩格斯列宁斯大林著作编译局. 马克思恩格斯文集：第8卷 [M]. 北京：人民出版社，2009：127.

人本身作为某一公社的成员就成为前提，因为他对土地的关系是以公社为中介的。他对劳动的客观条件的关系是以他作为公社成员的身份为中介的；另一方面，公社的现实存在，又由个人对劳动的客观条件的所有制的一定形式来决定。不管这种以公社成员身份为中介的所有制，究竟是表现为公共所有制（在这种情况下，单个人只是占有者，不存在土地的私有制）还是这种所有制表现为国家所有同私人所有相并列的双重形式（不过在这种情况下，后者决定于前者，因而只有国家公民才是并且必定是私有者，但另一方面，作为国家公民，他的所有制又同时具有特殊的存在），最后，还是这种公社所有制仅仅表现为个人所有制的补充（在这种情况下，个人所有制表现为公社所有制的基础，而公社本身，除了存在于公社成员的集会中和他们为共同目的的联合中以外，完全不存在）——不管怎样，公社成员或部落成员对部落土地的关系，即对部落所定居的土地的关系的这种种不同的形式，部分地取决于部落的自然性质，部分地取决于部落现在实际上在怎样的经济条件下以所有者的身份对待土地，就是说，通过劳动来获取土地的果实；而这一点本身又取决于气候、土壤的自然特性，由自然条件决定的土壤利用方式，同敌对部落或四邻部落的关系，以及由迁移、历史事件等引起的变动。①

在一切价值都用货币来计量的行情表中，一方面，显示出

---

① 中共中央马克思恩格斯列宁斯大林著作编译局．马克思恩格斯文集：第 8 卷[M]．北京：人民出版社，2009：135.

物的社会性离开人而独立；另一方面，显示出在整个生产关系和交往关系对于个人，对于所有个人表现出来的异己性的这种基础上，商业的活动又使这些物从属于个人。因为世界市场（其中包括每一单个人的活动）的独立化（如果可以这样说的话）随着货币关系（交换价值）的发展而增长，以及后者随着前者的发展而增长，所以生产和消费的普遍联系和全面依赖随着消费者和生产者的相互独立和漠不关心而一同增长。①

可见，流通时间表现为劳动生产率的限制＝必要劳动时间的增加＝剩余劳动时间的减少＝剩余价值的减少＝资本价值自行增殖过程的障碍或限制。因此，资本一方面要力求摧毁交往即交换的一切地方限制，征服整个地球作为它的市场；另一方面，它又力求用时间去消灭空间，就是说，把商品从一个地方转移到另一个地方所花费的时间缩减到最低限度。资本越发展，从而资本借以流通的市场，构成资本流通空间道路的市场越扩大，资本同时也就越是力求在空间上更加扩大市场，力求用时间去更多地消灭空间。②

资本把财富本身的生产，从而也把生产力的全面的发展，把自己的现有前提的不断变革，设定为它自己再生产的前提。价值并不排斥使用价值，因而不把特殊种类的消费等，特殊种

---

① 中共中央马克思恩格斯列宁斯大林著作编译局. 马克思恩格斯文集：第 8 卷 [M]. 北京：人民出版社，2009：55.

② 中共中央马克思恩格斯列宁斯大林著作编译局. 马克思恩格斯文集：第 8 卷 [M]. 北京：人民出版社，2009：169.

类的交往等，当作绝对条件包括进来；同样，社会生产力、交往、知识等的任何发展程度，对资本来说都只是表现为它力求加以克服的限制。它的前提本身——价值——表现为产品，而不是表现为凌驾于生产之上的更高的前提。①

结果就是：生产力——财富一般——从趋势和可能性来看的普遍发展成了基础，同样，交往的普遍性，从而世界市场成了基础。这种基础是个人全面发展的可能性，而个人从这个基础出发的实际发展是对这一发展的限制的不断扬弃，这种限制被意识到是限制，而不是被当作神圣的界限。②

资本通过自由竞争对行会制度等所做的否定这个历史方面只不过意味着，足够强大的资本借助于与它相适应的交往方式，摧毁了束缚和妨碍与资本相适应的运动的那些历史限制。③

劳动表现为不再像以前那样被包括在生产过程中，相反地，表现为人以生产过程的监督者和调节者的身份同生产过程本身发生关系（关于机器体系所说的这些情况，同样适用于人们活动的结合和人们交往的发展）。这里已经不再是工人把改

---

① 中共中央马克思恩格斯列宁斯大林著作编译局．马克思恩格斯文集：第8卷[M]．北京：人民出版社，2009：171.
② 中共中央马克思恩格斯列宁斯大林著作编译局．马克思恩格斯文集：第8卷[M]．北京：人民出版社，2009：171-172.
③ 中共中央马克思恩格斯列宁斯大林著作编译局．马克思恩格斯文集：第8卷[M]．北京：人民出版社，2009：179.

变了形态的自然物作为中间环节放在自己和对象之间，而是工人把由他改变为工业过程的自然过程作为中介放在自己和被他支配的无机自然界之间。工人不再是生产过程的主要作用者，而是站在生产过程的旁边。①

我们越往前追溯历史，个人，从而也是进行生产的个人，就越表现为不独立，从属于一个较大的整体：最初还是十分自然地在家庭和扩大成为氏族的家庭中；后来是在由氏族间的冲突和融合而产生的各种形式的公社中。只有到 18 世纪，在"市民社会"中，社会联系的各种形式，对个人说来，才表现为只是达到他私人目的的手段，才表现为外在的必然性。但是，产生这种孤立个人的观点的时代，正是具有迄今为止最发达的社会关系（从这种观点看来是一般关系）的时代。人是最名副其实的政治动物，不仅是一种合群的动物，而且是只有在社会中才能独立的动物。孤立的一个人在社会之外进行生产——这是罕见的事，在已经内在地具有社会力量的文明人偶然落到荒野时，可能会发生这种事情——就像许多个人不在一起生活和彼此交谈而竟有语言发展一样，是不可思议的。②

---

① 中共中央马克思恩格斯列宁斯大林著作编译局. 马克思恩格斯文集：第 8 卷[M]. 北京：人民出版社，2009：196.
② 中共中央马克思恩格斯列宁斯大林著作编译局. 马克思恩格斯文集：第 8 卷[M]. 北京：人民出版社，2009：6.

《资本论（1863—1865 年手稿）》

【综合导读】

该手稿由卡尔·马克思在 1863 年 8 月至 1865 年年底创作。19 世纪 50 年代，马克思开始把自己的经济学著作命名为《政治经济学批判》，并在此之前已经完成了两部草稿。到了 1862 年年末至 1863 年年初，他决定将书名改为《资本论》，并随后按新的设想开始写作。关于共同体，作者认为，劳动者成为原始共同体的一部分，或者劳动者成为生产条件的一部分，才能使劳动者的劳动本身成为商品，参与到资本主义的产生和再生产。

【论述摘编】

只有在劳动者不再是生产条件的一部分（奴隶制，农奴制），或者原始共同体（印度）不再是基础的时候，商品生产才必然会导致资本主义生产。就是从劳动力本身普遍地成为商品的时刻起。[①]

资本关系本身的出现，是以一定的历史阶段和社会生产形

[①] 中共中央马克思恩格斯列宁斯大林著作编译局. 马克思恩格斯文集：第 8 卷 [M]. 北京：人民出版社，2009：428.

式为前提的。在过去的生产方式中，必然发展起那些超出旧生产关系并迫使它们转化为资本关系的交往手段、生产资料和需要。但是，它们只需要发展到使劳动在形式上从属于资本的程度。然而，在这种已经改变了的关系的基础上，会发展起一种发生了特殊变化的生产方式，这种生产方式一方面创造出新的物质生产力；另一方面，它只有在这种新的物质生产力的基础上才能得到发展，从而在实际上给自己创造出新的现实的条件。由此就会出现完全的经济革命，这种革命一方面为资本对劳动的统治创造并完成其现实条件，为之提供相应的形式；另一方面，在这个由革命发展起来的与工人相对立的劳动生产力、生产条件与交往关系中，这个革命又为一个新生产方式，即扬弃资本主义生产方式这个对立形式的新生产方式创造出现实条件，这样，就为一种新形成的社会生活过程，从而为新的社会形态创造出物质基础。①

---

① 中共中央马克思恩格斯列宁斯大林著作编译局. 马克思恩格斯文集：第 8 卷 [M]. 北京：人民出版社，2009：546-547.

二、列宁、斯大林关于共同体的论述摘编及导读

《什么是"人民之友"以及他们如何攻击社会民主党人?》

【综合导读】

该书是俄国革命家列宁创作的一部政治著作,主要批判了当时俄国的自由主义民粹派,为俄国无产阶级革命斗争指明了正确道路和前进方向。作者认为,公有制包括土地和其他生产资料,个人所有制包括产品即消费品,这样社会的总产品,部分重新用作生产资料,部分作为生活资料由联合体成员消费。

【论述摘编】

可见,靠剥夺剥夺者而建立起来的状态,被称为以土地和劳动者自己创造出来的生产资料的公有制为基础的个人所有制的恢复。对任何一个懂德语的人来说(懂俄语也一样,米海洛

夫斯基先生，因为译文完全准确），这就是，公有制包括土地和其他生产资料，个人所有制包括产品即消费品。为了使甚至六岁的儿童也能明白这一点，马克思在第 56 页（俄文版第 30 页）设想了一个"自由人联合体，他们用公有的生产资料进行劳动，并且自觉地把他们的许多的个人劳动力当作一个社会劳动力来使用"，也就是设想了一个按社会主义原则组织起来的联合体，并且说："总产品是社会的产品。这些产品的一部分重新用作生产资料。这一部分依旧是社会的，而另一部分则作为生活资料由联合体成员消费。因此，这一部分要在他们之间进行分配。"这些话甚至对杜林先生来说，也是足够清楚的了。①

但在当时未必能说已有真正的民族联系：国家分成各个"领地"，其中有一部分甚至是公国，这些公国还保存着从前自治制度的鲜明遗迹、管理的特点，有时候还保存着自己单独的军队（地方贵族是带领自己的军队去作战的）、单独的税界等。仅仅在近代俄国历史上（大约从 17 世纪起），这一切区域、领地和公国才真正在事实上融合成一个整体。最可尊敬的米海洛夫斯基先生，这种融合并不是由氏族联系引起的，甚至不是由它的延续和普遍化引起的，而是由各个区域之间日益频繁地交换，由逐渐增长的商品流通，由各个不大的地方市场集中成一

---

① 中共中央马克思恩格斯列宁斯大林著作编译局 . 列宁全集：第 01 卷［M］. 北京：人民出版社，1984：140-141.

个全俄市场引起的。既然这个过程的领导者和主人是商人资本家，所以这种民族联系的建立也就无非是资产阶级联系的建立。①

这样用公社占有形式来替代私人占有形式，显然需要预先改造生产形式，需要把小生产者分散的细小的独立的生产过程融合成一个社会生产过程，总而言之，需要的正是资本主义所创造的物质条件。②

《俄国资本主义的发展》

【综合导读】

该书为列宁创作的一部经济学著作，该书对俄国社会经济制度和阶级结构进行了全面的研究和分析，从而论证了俄国已经是一个资本主义国家。该书认为，农民被分解为一个个征税性的和土地占有者的联合体，并被划分为各种等级和类别。

【论述摘编】

至于谈到小生产者的分散性，那么它最明显地表现在上面

---

①　中共中央马克思恩格斯列宁斯大林著作编译局．列宁全集：第 01 卷［M］.
　　北京：人民出版社，1984：124.
②　中共中央马克思恩格斯列宁斯大林著作编译局．列宁全集：第 01 卷［M］.
　　北京：人民出版社，1984：212.

已经在农业和工业中证实了的小生产者的分化上。但是，分散性远不只表现在这一点上。农民被村社联合成为行政兼征税性的和土地占有者的极小联合体，但他们同时是分散的，被大量按份地面积、纳税数额等形形色色的方法划分成各种等级和类别。①

《政治诡辩》

【综合导读】

列宁在 1905 年撰写该文，主要揭示了资产阶级政治革命中的一些典型特点和无产阶级在革命中的地位与作用，该文在谈及自由派立场时提及"联合体"和"统一体"。

【论述摘编】

我们好心肠的自由派力求在君主、参议院（地方自治院）、众议院（人民代表院），即专制官僚、资产阶级和"人民"（即无产阶级、农民和全体小资产阶级）这三种力量之间尽可能"公平地"平分国家政权。自由派政论家心灵深处所渴望的是取消这些不同力量之间以及这些力量的各种联合体之间的斗争，而代之以这些力量的"公平的"联合统一体……在纸上！

---

① 中共中央马克思恩格斯列宁斯大林著作编译局. 列宁全集：第 3 卷［M］. 北京：人民出版社，1984：343.

应当关心循序渐进的平衡的发展；应当从保守主义的观点论证普选制的正确性（司徒卢威先生为上述草案所写的前言）；应当通过君主制和参议院的形式确保各个统治阶级的利益（即现实的保守主义）；应当用冠冕堂皇的诡辩把这个看来是巧妙的，实际上是最幼稚的构想装饰起来。俄国无产阶级势必长期同自由派的诡辩打交道。现在是进一步熟悉它们的时候了！①

《崩得在党内的地位》

【综合导读】

该文为列宁所写，其主题聚焦于崩得（俄国社会民主工党的一个派别）在党的内部所扮演的角色和所处的地位。该文涉及怎样对待犹太人的问题：一是"保持隔绝状态"，也就是建立犹太人居住区；二是通过融合或通化。其中引用了考茨基的话"只有使异族居民不再是异己的，而和全体居民融合在一起"，对处理当今世界上的民族问题具有启迪价值。

【论述摘编】

犹太人问题正是这样摆着的：是同化还是保持隔绝状态？——犹太"民族"思想有着明显的反动性质，不管提出这

---

① 中共中央马克思恩格斯列宁斯大林著作编译局.列宁全集：第 10 卷 ［M］.北京：人民出版社，1987：194-195.

种思想的是一贯坚持这种思想的人（锡安主义者），还是企图把这种思想和社会民主党的思想结合起来的人（崩得分子）。犹太"民族"思想是和犹太无产阶级的利益对立的，因为这种思想在犹太无产阶级中间直接间接地造成一种敌视同化的情绪，一种建立"犹太人居住区"的情绪。勒南写道："1791 年的国民议会把犹太人的解放用法令规定了下来，但大会对种族问题研究得很少……19 世纪的问题是要消灭一切'犹太人居住区'，我对竭力恢复'犹太人居住区'的人无法表示赞美。犹太种族对世界做出了巨大的贡献。它将来和其他各种不同的民族同化以后，和其他各种不同的民族单位和谐地融合在一起以后，还会做出过去曾经做出的贡献。"卡尔·考茨基在专门谈到俄国犹太人的问题时，说得更加肯定。要消除对异族居民的仇视，"只有使异族居民不再是异己的，而和全体居民融合在一起。这是解决犹太人问题的唯一可行的办法，所以我们应当支持能够促使犹太人的隔绝状态消除的一切措施"。而崩得却反对这种唯一可行的解决办法，它不是去消除犹太人的隔绝状态，而是通过散布犹太"民族"思想和犹太无产者与非犹太无产者建立联邦的方案去加剧犹太人的隔绝状态，把这种隔绝状态固定下来。①

　　因此，我们可以得出结论说，崩得的不论是逻辑上的、历

---

① 中共中央马克思恩格斯列宁斯大林著作编译局. 列宁全集：第 8 卷［M］.
北京：人民出版社，1986：69-70.

史上的或是民族方面的论据，都是经不起任何批判的。涣散时期加剧了俄国社会民主党人中间的动摇性和某些组织的隔绝状态，这在崩得分子方面也有同样的表现，甚至表现得更为严重。他们不是把反对这种历史上形成的（由于涣散而加剧的）隔绝状态作为自己的口号，反而把它奉为原则，并用所谓自治有内在矛盾的诡辩以及锡安主义的犹太民族思想来进行论证。只有坚决地坦率地承认这个错误，宣布转向融合，才能使崩得离开它已经走上的这条错误道路。我们相信，犹太无产阶级中的社会民主主义思想的优秀代表，迟早会使崩得离开隔绝状态的道路而走上融合的道路。①

《社会民主党在俄国第一次革命中的土地纲领》

【综合导读】

该文主要阐述了社会民主党在 1905 年至 1907 年俄国第一次革命期间关于土地问题的立场和主张。该文认为，在旧村社中，农民被划分为等级不同的"极小联合体"，地主占有大量土地，而广大农民则渴望获得土地和自由，这种极不均衡的土地分配状况加剧了社会矛盾，也是革命爆发的重要原因之一。

———————

① 中共中央马克思恩格斯列宁斯大林著作编译局．列宁全集：第 8 卷［M］．北京：人民出版社，1986：71．

【论述摘编】

请想象一下现代的农民经济以及份地占有制即旧的农民土地占有制的性质吧。"农民被村社联合成为行政兼征税性的土地占有者的极小联合体，但他们同时是分散的，被大量按份地面积、纳税数额等形形色色的方法划分成各种等级和类别。姑且拿萨拉托夫省地方自治局统计汇编来说吧。这里的农民分为以下各种等级：有赐地的农民、私有农民、完全私有农民、国家农民、有村社地产的国家农民、有切特维尔梯地产的国家农民、原属地主的国家农民、皇族农民、租种官地的农民、无地农民、前地主农民中的私有农民、赎买了宅院的农民、前皇族农民中的私有农民、常住私有农民、移居农民、前地主农民中的有赐地农民、前国家农民中的私有农民、脱离农奴籍的农民、免缴代役租的农民、自由耕作农、暂时义务农、前工厂农民等，此外还有注册农民、外来农民等。所有这些等级，都有不同的土地关系史、份地面积、纳税数额等。而且在这些等级内部又有很多类似的区分：有时甚至同一乡村的农民分为完全不同的两类，如'前某某老爷的农民'和'前某某太太的农民'。所有这些五花八门的类别，在中世纪……是很自然的和必要的。"①

---

① 中共中央马克思恩格斯列宁斯大林著作编译局. 列宁全集：第16卷［M］.
北京：人民出版社，1988：244.

可见，农民明确而坚决地反对旧的村社，拥护自愿结合的协作社，拥护个人使用土地。毫无疑问，这确实是全体农民的呼声，因为连劳动团的 104 人法案也根本没有提到村社。而村社是共同占有份地的联合体！

斯托雷平要用暴力消灭村社，是为了有利于一小撮有钱人。农民想消灭村社，是要代之以自由的协作社和"个人"使用国有化份地的权利。马斯洛夫之流主张资产阶级进步，却又在违反这种进步的基本要求，维护中世纪的土地占有制。我们可千万不能要这样的"马克思主义"！①

《唯物主义和经验批判主义》

【综合导读】

该书是列宁创作的一部重要哲学著作。书中第一次给哲学"物质"范畴下了经典性定义，并全面阐述了辩证唯物主义关于反映论的基本思想。该书讨论了意识对交往的作用，认为社会存在决定社会意识，但两者不是"同一的"，要发挥意识的能动作用，这些观点对铸牢中华民族共同体意识具有启迪价值。

---

① 中共中央马克思恩格斯列宁斯大林著作编译局．列宁全集：第 16 卷 ［M］. 北京：人民出版社，1988：251.

【论述摘编】

"我们已经指出：社会形态属于广泛的类即生物学适应的类。但是，我们并没有因此就确定了社会形态的范围；为了确定这个范围，不仅要确定类，而且要确定种……人们在生存斗争中，只有借助于意识才能结合起来，没有意识就没有交往。因此，形形色色的社会生活都是意识——心理的生活……社会性和意识性是不可分离的。社会存在和社会意识，按这两个词的确切的含义来说，是同一的。"①

社会存在和社会意识不是同一的，这正如一般存在和一般意识不是同一的一样。人们进行交往时，是作为有意识的生物进行的，但由此决不能得出结论说，社会意识和社会存在是同一的。在一切稍微复杂的社会形态中，特别是在资本主义的社会形态中，人们在交往时并没有意识到这是在形成什么样的社会关系，这些社会关系又是按照什么样的规律发展的，等等。例如，一个农民在出售谷物时，他就和世界市场上的世界谷物生产者发生"交往"，可是他没有意识到这一点，也没有意识到从交换中形成什么样的社会关系。社会意识反映社会存在，这就是马克思的学说。反映可能是对被反映者的近似正确的复

---

① 中共中央马克思恩格斯列宁斯大林著作编译局. 列宁全集：第18卷［M］. 北京：人民出版社，1988：337.

写，可是如果说它们是同一的，那就荒谬了。①

《19 世纪末俄国的土地问题》

【综合导读】

该文为列宁所作，主要涉及俄国的土地占有情况、土地问题的实质和影响以及土地改革的必要性与方向。在中世纪，村社使农民分隔开来，并束缚在"小联合体"中，土地改革旨在破除封建制度，让农民获得一定的自由和土地，并将农业生产转化为公有制。这样的改革有助于推动农村和城市的工业化进程。

【论述摘编】

一个交换不断扩大和资本主义不断发展的国家，如果它的国民经济的主要部门处处受到中世纪关系的阻碍和干扰，那它就不能不经受各种各样的危机。著名的村社（关于村社的意义，后面我们还要谈到）防止不了农民的无产阶级化，事实上它起了中世纪界限的作用，使农民分隔开来，把农民牢牢地束

① 中共中央马克思恩格斯列宁斯大林著作编译局. 列宁全集：第 18 卷 ［M］. 北京：人民出版社，1988：338.

缚在小联合体中或束缚在失去任何"存在意义"的类别中。①

《俄国社会民主工党第五次全国代表会议文献》

【综合导读】

俄国社会民主工党第五次代表大会，1907 年 4 月 30 日—5 月 19 日在伦敦召开，布尔什维克在会上取得了巨大胜利，其策略路线被确立为全党的路线。该文提及"联合体"一词，但对研究联合体（共同体）总体理论价值不高。

【论述摘编】

在代表会议上，布尔什维克就所有问题同孟什维克取消派进行了不调和的斗争，也同布尔什维克队伍中的召回派进行了斗争，并取得了重大的胜利。在关于工作报告的决议里，根据列宁的提议建议中央委员会维护党的统一，并号召同一切取消俄国社会民主工党而代之以无定形的合法联合体的企图进行坚决的斗争。由于代表会议须规定党在反动年代条件下的策略路线，讨论目前形势和党的任务就具有特别重要的意义。孟什维

---

① 中共中央马克思恩格斯列宁斯大林著作编译局. 列宁全集：第 17 卷［M］. 北京：人民出版社，1988：54.

克企图撤销这一议程未能得逞。①

《犹太学校的民族化》

【综合导读】

在国际共运史上，第二国际期间出现的民族文化自治主张影响极为深远，成为马克思主义政党制定民族纲领的重大思想障碍。列宁在 1913 年 8 月 18 日发表的《犹太学校的民族化》一文，便是对此主张的批判。该文指出，犹太学校民族化这个极其有害的方案还表明，所谓"民族文化自治"的计划，即把教育事业从国家手里分出来，分别交给每一个民族的计划是何等的错误，提倡"各个民族一律享有最完全的平等权利，消除各民族之间的种种隔膜，使各民族的儿童在统一的学校里打成一片"。总之，该文对开展铸牢中华民族共同体意识教育具有重要启迪价值。

【论述摘编】

政府的政策彻头彻尾地表现出民族主义精神。当局竭力使"统治"民族，即大俄罗斯民族享有种种特权，虽然大俄罗斯

---

① 中共中央马克思恩格斯列宁斯大林著作编译局．列宁全集：第 17 卷［M]．北京：人民出版社，1988：463.

人在俄国人口中占少数，即只占43%。

它竭力把住在俄国的一切其他民族的权利削减得越来越少，使它们彼此隔绝并煽起它们之间的仇恨。

现代民族主义的极端表现，就是犹太学校民族化的方案。这个方案出自敖德萨学区的督学之手，并且得到国民"教育"部的赞许。这种民族化究竟是怎么回事呢？

这就是想把犹太人分出来去上专门的犹太学校（中等的），想叫其他一切学校，不管是私立的还是公立的，都紧紧地对犹太人关上大门。为了使这个"天才的"计划更加完美，居然有人打算用著名的"百分数的标准"来限制犹太中学的学生人数！

在所有欧洲国家中，这类反犹太人的措施和法律，只是在中世纪的黑暗年代，即在有宗教裁判所、有焚烧异教徒以及其他奇妙行为的那个时代存在过。犹太人在欧洲早就取得了完全的平等权利，并且同他们与之相处的民族日益融合起来。

在我国的整个政治生活中，特别是在上述方案中，除了对犹太人的虐待和压迫以外，最有害的就是力图煽起民族主义情绪，使国内各民族彼此隔绝，使它们进一步疏远，把它们的学校分开。

工人阶级的利益——以及一般政治自由的利益——则要求这个国家的各个民族一律享有最完全的平等权利，消除各民族之间的种种隔膜，使各民族的儿童在统一的学校里打成一片，等等。只有抛弃一切荒谬的和愚蠢的民族偏见，只有使各民族的工人结成一个联盟，工人阶级才能成为一种力量，给资本以反击并争得生活的真正改善。

请看看资本家吧，他们竭力想在"普通人民"中间煽起民族仇恨，而他们自己却巧妙地干着自己的勾当：在同一个股份公司里既有俄罗斯人、乌克兰人，也有波兰人、犹太人和德意志人。为了对付工人，各个民族具有不同宗教信仰的资本家已经联合起来了，可是他们却力图用民族仇恨来分裂工人，削弱工人！

犹太学校民族化这个极其有害的方案还表明，所谓"民族文化自治"的计划，即把教育事业从国家手里分出来，分别交给每一个民族的计划是何等的错误。我们应当追求的决不是这种计划，而是要使各个民族的工人在反对各种各样的民族主义的斗争中，在争取真正民主的共同的学校和一般政治自由的斗争中联合起来。全世界各先进国家的榜样，即使是西欧的瑞士或东欧的芬兰也向我们表明，只有建立全国性的彻底民主的设施，才可以保证各民族最和平最合乎人道地（不是野蛮地）共同生活，而不是人为地、有害地按民族来割裂教育事业。①

---

① 中共中央马克思恩格斯列宁斯大林著作编译局．列宁全集：第 23 卷［M］．北京：人民出版社，1990：395-396.

《关于民族问题的批评意见》

【综合导读】

该文是列宁在 1913 年 10 月至 12 月间撰写的一篇批判性论著，主要论述了民族问题的理论和政策。该论著批判了形形色色的资产阶级民族主义，批判了"民族文化自治"的反动纲领，揭示了无产阶级民族观和资产阶级民族观的根本区别和对立，科学地分析了马克思主义同资产阶级民族主义在"民族平等"问题上的本质区别等内容，这些内容对铸牢中华民族共同体意识具有启迪价值。

【论述摘编】

发展中的资本主义在民族问题上有两种历史趋势。民族生活和民族运动的觉醒，反对一切民族压迫的斗争，民族国家的建立，这是其一。各民族彼此间各种交往的发展和日益频繁，民族隔阂的消除，资本、一般经济生活、政治、科学等的国际统一的形成，这是其二。

这两种趋势都是资本主义的世界性规律。第一种趋势在资本主义发展初期是占主导地位的，第二种趋势标志着资本主义已经成熟，正在向社会主义社会转化。马克思主义者的民族纲领考虑到这两种趋势，因而首先要维护民族平等和语言平等，不允许在这方面存在任何特权（同时维护民族自决权，关于这一点下面还要专门谈），其次要维护国际主义原则，毫不妥协地反对资产阶级民族主义（哪怕是最精致的）毒害无产阶级。①

　　列夫·尤尔凯维奇先生的所作所为，活像是一个十足的资产者，而且是一个狭隘愚蠢、鼠目寸光的资产者即市侩，他为了乌克兰的民族事业的一时成就而将两个民族的无产阶级彼此交往、联合、同化的利益置之脑后。资产阶级民族主义者和跟着他们跑的尤尔凯维奇和顿佐夫先生之流可怜的马克思主义者说，首先是民族的事业，然后才是无产阶级的事业。而我们说，首先是无产阶级的事业，因为它不仅能保证劳动的长远根本利益和人类的利益，而且能保证民主派的利益，而没有民主，无论是自治的乌克兰，还是独立的乌克兰，都是不可思议的。②

　　我们要告诉一切民族的社会党人：每一个现代民族中，都有两个民族。每一种民族文化中，都有两种民族文化。一种是普利什凯维奇、古契柯夫和司徒卢威之流的大俄罗斯文化，但是还有一种是以车尔尼雪夫斯基和普列汉诺夫的名字为代表的

---

① 中共中央马克思恩格斯列宁斯大林著作编译局．列宁全集：第 24 卷［M］．北京：人民出版社，1990：129.
② 中共中央马克思恩格斯列宁斯大林著作编译局．列宁全集：第 24 卷［M］．北京：人民出版社，1990：134.

大俄罗斯文化。乌克兰同德国、法国、英国和犹太人等一样，也有这样两种文化。如果说多数乌克兰工人处于大俄罗斯文化的影响下，那么我们就确凿地知道了，除了大俄罗斯神父和资产阶级的文化思想外，还有大俄罗斯的民主派和社会民主党的思想在产生影响。乌克兰的马克思主义者在同前一种"文化"做斗争时，总是要把后一种文化区别开来，并且要告诉自己的工人们："必须用全力抓住、利用、巩固一切机会，同大俄罗斯的觉悟工人相交往，阅读他们的书刊，了解他们的思想，乌克兰的工人运动的根本利益和大俄罗斯的工人运动的根本利益都要求这样做。"①

最后，毫无疑义，建立拥有清一色的、统一的民族成分的自治州，哪怕是最小的自治州，对于消灭一切民族压迫都是极其重要的，而且散居全国各地甚至世界各地的这个民族的成员都会"倾向"这些州，同它们交往，同它们组成各种自由联盟。所有这一切都是无可争辩的，只有从顽固的官僚主义观点出发，才会对这一切提出异议。②

居民的民族成分是极重要的经济因素之一，但它不是唯一的，在其他诸因素中也不是最重要的。例如，城市在资本主义

---

① 中共中央马克思恩格斯列宁斯大林著作编译局．列宁全集：第 24 卷［M］.
　北京：人民出版社，1990：134-135.
② 中共中央马克思恩格斯列宁斯大林著作编译局．列宁全集：第 24 卷［M］.
　北京：人民出版社，1990：153.

制度下起着极其重要的经济作用，但是任何地方的城市，波兰的也好，立陶宛的也好，乌克兰的也好，大俄罗斯等地的也好，居民的民族成分都是十分复杂的。由于考虑"民族"因素而把城市同那些经济上倾向城市的乡村和州分割开来，这是荒谬的，也是不可思议的。因此，马克思主义者不应当完全绝对地以"民族地域"原则为立足点。[①]

马克思主义同民族主义是不能调和的，即使它是最"公正的"、"纯洁的"、精致的和文明的民族主义。马克思主义提出以国际主义代替一切民族主义，这就是各民族通过高度统一而达到融合，我们亲眼看到，在修筑每一俄里铁路，建立每一个国际托拉斯，建立每一个工人协会（首先是经济活动方面的，其次是思想方面、意向方面的国际性协会）的同时，这种融合正在加强。[②]

《帝国主义是资本主义的最高阶级》

【综合导读】

该书是列宁创作的重要政治经济学著作，书中分析了帝国

---

① 中共中央马克思恩格斯列宁斯大林著作编译局 . 列宁全集：第 24 卷 ［M］. 北京：人民出版社，1990：153.

② 中共中央马克思恩格斯列宁斯大林著作编译局 . 列宁全集：第 24 卷 ［M］. 北京：人民出版社，1990：136-137.

主义的五个基本经济特征：生产和资本的集中、垄断组织的形成、银行资本和工业资本的融合、资本输出以及国际垄断同盟的形成。作者将垄断组织的形成称为"利益共同体"。

【论述摘编】

1914 年年初，在柏林传说要组织一个"运输业托拉斯"，即由柏林的城市电气铁路公司、有轨电车公司和公共汽车公司这三个运输企业组成一个"利益共同体"。①

《对彼·基辅斯基（尤·皮达可夫）的回答》

【综合导读】

该文是列宁针对皮达可夫等人在帝国主义和战争问题上的错误观点所进行的批判和回应。文中强调的"各民族联合和融合起来""宣布各民族一律平等""各民族之间的民主的关系"等观点具有借鉴价值。

【论述摘编】

我们现在向群众说（而群众也本能地感到我们说的话是正

---

① 中共中央马克思恩格斯列宁斯大林著作编译局．列宁全集：第 27 卷［M］．北京：人民出版社，1990：372．

确的）："有人在欺骗你们，让你们为了帝国主义资本主义去打仗，他们用伟大的民主口号掩饰这场战争。""你们应当而且一定会用真正民主方式和为了真正实行民主和社会主义这一目的，去进行反对资产阶级的战争。"现在的战争用暴力和经济上的依附关系把各民族联合和"融合"成不同的集团。但是我们在自己的反对资产阶级的国内战争中，不是用卢布的力量，不是用棍棒的力量，不是用暴力，而是通过自愿的协商，用劳动者反对剥削者的共同意志把各民族联合和融合起来。宣布各民族一律平等，对于资产阶级来说是一种欺骗，对于我们来说却是一句真话，它有助于迅速地把一切民族争取到我们方面来。如果不切实建立各民族之间的民主的关系，因而也没有国家分离的自由，各民族的工人和劳动群众就不可能进行反对资产阶级的国内战争。①

《国家与革命》

【综合导读】

该书为列宁在俄国十月革命之后写作的一部重要著作，书中提出的一系列理论观点，特别是国家消亡的概念，对后来的马克思主义者产生了深远影响。作者认为，随着阶级的消失，

---

① 中共中央马克思恩格斯列宁斯大林著作编译局. 列宁全集：第 28 卷 ［M］. 北京：人民出版社，1990：113.

国家也不可避免地消亡，而建立自由平等的生产者联合体将是新的社会形态。

【论述摘编】

"所以，国家并不是从来就有的。曾经有过不需要国家，而且根本不知国家和国家权力为何物的社会。在经济发展到一定阶段而必然使社会分裂为阶级时，国家就由于这种分裂而成为必要了。现在我们正在以迅速的步伐接近这样的生产发展阶段，在这个阶段上，这些阶级的存在不仅不再必要，而且成了生产的直接障碍。阶级不可避免地要消失，正如它们从前不可避免地产生一样。随着阶级的消失，国家也不可避免地要消失。在自由平等的生产者联合体的基础上按新方式组织生产的社会，将把全部国家机器放到那时它应该去的地方，即放到古物陈列馆去，同纺车和青铜斧陈列在一起。"①

《论苏维埃共和国所处的国际和国内形势》

【综合导读】

该文为列宁 1922 年 3 月 6 日在全俄五金工人代表大会共产党党团会议上的讲话。文中将国家之间的生意往来称为"生

---

① 中共中央马克思恩格斯列宁斯大林著作编译局. 列宁全集：第 31 卷 [M].
北京：人民出版社，1985：13-14.

意的联合体"。

【论述摘编】

苏维埃政权存在四年多来，我们自然已经取得相当的实际经验（而不单是在理论上相当清楚），所以能够恰当地评价资产阶级国家的代表先生们熟练运用老一套资产阶级外交伎俩所玩弄的外交把戏。我们很清楚这套把戏的基础是什么，我们知道它的实质就是要做生意。资产阶级国家需要同俄国做生意，因为它们知道，没有这种那种形式的经济联系，它们还会像以前那样继续垮下去；尽管它们取得了极其辉煌的胜利，尽管它们在全世界的报纸和电讯中无休止地吹嘘，但是它们的经济还是在衰败；它们取得辉煌胜利已经三年多了，可是它们连最简单的任务（不是建设新的，只是恢复旧的）也对付不了，还在这样一个问题上转来转去：怎么能使三个、四个或五个国家凑在一起（瞧，连这个数目也显得太大，要达成协议非常困难），组成一个能够做生意的联合体。①

---

① 中共中央马克思恩格斯列宁斯大林著作编译局 . 列宁全集：第 43 卷 [M].
北京：人民出版社，1987：3.

《论合作社》

【综合导读】

《论合作社》是列宁于 1923 年 1 月 4 日和 6 日在病榻上口授的作品。该文是马列主义关于农业社会主义改造的重要文献之一，文中提及"工人联合体"。

【论述摘编】

我们许多做实际工作的人所估计不足的正是这一情况。在我国，人们还轻视合作社，还不了解：第一，在原则方面（生产资料所有权在国家手中）；第二，在采用尽可能使农民感到简便易行和容易接受的方法过渡到新制度方面，这种合作社具有多么重大的意义。

而这又正是主要之点。幻想出种种工人联合体来建设社会主义，是一回事；学会实际建设这个社会主义，能让所有小农都参加这项建设，则是另一回事。我们现在达到的就是这级台阶。毫无疑义，我们虽然达到了这级台阶，却绝少利用它。①

---

① 中共中央马克思恩格斯列宁斯大林著作编译局 . 列宁全集：第 43 卷 ［M］. 北京：人民出版社，1987：362.

《关于民族问题的报告提纲》

【综合导读】

列宁的《关于民族问题的报告提纲》是其对民族问题深入思考的结晶。列宁反对"民族文化自治"的口号，认为这会使无产阶级和劳动群众受资产阶级民族主义思想的影响，因此强调民族不是文化共同体而是语言共同体。

【论述摘编】

C. 马克思主义关于民族问题的两种理论。

13. 各民族国家中无产阶级政党的产生。落后的东方。民族问题的"种种理论"。（很少注意理论基础。卡·考茨基+奥·鲍威尔。）

14. 奥·鲍威尔。民族=文化共同体。"民族文化"的口号（贯穿始终）。民族性格是主要的东西。（一大堆说明，但这并不重要）

（考茨基的评价：文化共同体=奥·鲍威尔的主要错误）①

注意：（γ）"我们的国际主义并非因具有非侵略性、平等

———————————

① 中共中央马克思恩格斯列宁斯大林著作编译局. 列宁全集：第 24 卷［M］. 北京：人民出版社，1990：291.

194

性等因而与资产阶级民族主义有所区别的一种特殊形式的民族主义，而是经济上和文化上统一的社会机体。"（同上，第17页）

奥·鲍威尔的这种观点由于他"强调民族文化"而消失。

（δ）民族不是文化共同体，不是命运共同体，而是语言共同体。①

《在安·潘涅库克〈阶级斗争和民族〉一书（1912年赖兴贝格版）上作的批注（1912年年底—1913年年初）》

【综合导读】

列宁在批注中强调了民族问题的重要性，认为它是一个一般的社会主义理论问题。列宁对安·潘涅库克的某些观点提出了批评，对于书中提到的"民族文化自治"，列宁表达了不同的看法。该书关于共同体的论述十分丰富，提及"命运共同体""性格共同体""宗教共同体""文化共同体""民族共同体""劳动共同体""精神共同体""阶级斗争共同体""世界共同体"。该文从共同体的视角系统论述民族。比如，认为民族是命运共同体和性格共同体的结合。共同命运并不意味着受同一命运的支配，而是意味着在人们相互间经常联系和发生关

① 中共中央马克思恩格斯列宁斯大林著作编译局. 列宁全集：第24卷 [M]. 北京：人民出版社，1990：292.

系的过程中、不断的相互影响中，共同经历着同一种命运；由共同的语言作为中介结合成一个性格共同体。又如，从文化共同体视角谈论民族，认为民族首先是以共同语言作为媒介的文化共同体，认为民族的文化是民族的共同的生活经验，它是作为经济统一体的物质存在的抽象概括。总之，该文从共同体的视角，从历史、心理、文化、阶级斗争等诸多方面系统探讨民族问题，是研究民族（民族共同体）的重要文献。

【论述摘编】

社会主义是人类的新的科学观点，它和一切资产阶级的观点有着最根本的区别。资产阶级的认识方法把人类的各种形式的组织和设施或者看作自然的产物，是值得赞许还是值得谴责，要看它们在资产阶级眼里与"人的天性"是相适应还是相矛盾而定；或者看作偶然的或人类意愿的产物，可以按照人类自己的愿望通过人为的、强制的措施来改造它们。相反，社会民主党把它们看作人类社会发展的自然产物……资产阶级观点和社会主义观点的对立性在于：那里——一方面由于自然本身的原因而不可改变，同时又任意妄为；这里——按照不可动摇的规律、根据劳动、根据经济管理方法，一切永远处于形成状态和始终在变化。

民族方面的情况确实也是如此。资产阶级观点把民族的差别看作人们之间的自然差别，民族就是由共同的种族、起源、语言联合起来的人们的集团。但同时资产阶级认为，借助于政治强制手段它可以在一些情况下镇压民族，在另一些情况下可以通过牺牲其他的民族来扩大自己的地域。社会民主党认为，民族就是由于共同的历史而形成统一的人们的集团……①

民族是命运的共同体

鲍威尔非常恰当地阐明：民族就是"由共同命运结合成性格共同体的人们的总和"。这个定义常常受到人们的批评，但这是不公平的，因为这个定义是非常正确的。不理解和误会始终在于：人们把"同类性"和"共同性"两个概念混为一谈。共同命运并不意味着受同一命运的支配，而是意味着在人们相互间经常联系和发生关系的过程中、不断地相互影响中共同经历着同一种命运。中国、印度和埃及的农民由于他们的经营方法相同而很相似；他们有着同一的阶级特征，但是，这里却连一点共同体的迹象都没有。相反，在英国，小资产者、批发商、工人、贵族、土地占有者、农民由于他们的阶级地位不同，在特征上当然就可以有许许多多的差别，但是，尽管如此，他们却形成了一个共同体：有着共同经历过的历史，彼此之间经常发生影响，甚至采取相互斗争的形式，同时，一切都由共同的语言作为中介——这就把他们结合成一个性格共同体，即一个民族。这个共同体的精神内容、共同的文化，通过书面语言而代代相传……

① 中共中央马克思恩格斯列宁斯大林著作编译局. 列宁全集：第59卷［M］. 北京：人民出版社，1990：356-357.

当然，这里我们所指的并不是为了达到专门的目的而建立的临时性的联盟，如股份公司或工会。但是，人们的任何组织作为永久存在的联盟代代相传，会形成因共同命运而产生的性格共同体。①

另一个例子是宗教共同体。它们也是"凝固了的历史"。它们并不单纯是有着同一信仰的人们的集团——它们是为了宗教的目的而联合起来的……宗教改革运动时期产生的宗教共同体——新教的教会和教派——是反对占统治地位的教会和相互反对的阶级斗争组织，也就是说在一定程度上它们相当于现在的政党……从那时候起，这些组织就变得僵硬了，变成了只有领导阶层即僧侣在整个教会范围内交往的宗教团体。共同的利益消失了……因而宗教共同体成了共同命运早已成为过去，而现在越来越消失的一个集团。宗教也是历史的过去打在我们自己身上的印记。②

总之，民族并不是由于共同命运而产生的唯一的性格共同体，而仅仅是这种共同体的一种形式……人们最初的大大小小的部落联合体就是那种继承了特点、习俗、文化和口头方言的命运共同体或性格共同体。中世纪农民的村社或地区的情况也是这样。奥托·鲍威尔发现，在中世纪霍亨施陶芬王朝时期就

---

① 中共中央马克思恩格斯列宁斯大林著作编译局．列宁全集：第 59 卷［M］．北京：人民出版社，1990：357.
② 中共中央马克思恩格斯列宁斯大林著作编译局．列宁全集：第 59 卷［M］．北京：人民出版社，1990：357-358.

存在如德意志贵族的政治和文化共同体的"德意志民族"。另一方面，中世纪的教会也有许多特点，这些特点使它成为一种民族：教会是欧洲各民族的共同体，它有着共同的历史和共同的观点，甚至使用一种共同的语言——教会拉丁语，这种拉丁语成了整个欧洲有教养的、占统治地位的思想家之间相互交往的媒介，并且使他们结合成一个文化共同体。只是在中世纪的最后时期才从这种共同体逐渐产生出具有自己的民族语言、民族统一和民族文化的现代意义上的民族。①

作为人们之间生动的交往手段的共同语言是民族的极重要的特征；但是就这一点来说，民族还不是简单地等同于操同一语言的人们的集团。英吉利人和美利坚人虽然操同一语言，但却是两个具有不同历史的民族，两个命运不同、民族性格迥异的共同体。是否应该把瑞士的德意志人列入一个包括一切说德语的人的共同的德意志民族，同样令人怀疑。由于使用同一书面语言，很多的文化因素当然可以自由地时而转移到这一方面，时而转移到另一方面，但是命运早在几百年以前就把瑞士人和德意志人分开了。一些人成为民主共和国的自由公民，另一些人时而生活在小公的暴政下，时而生活在外国的统治下，时而生活在新日耳曼警察国家的压迫下，这种情况必然使他们具有很不相同的性格，尽管是读同一些作家和诗人的作品。因

---

① 中共中央马克思恩格斯列宁斯大林著作编译局. 列宁全集：第 59 卷［M］. 北京：人民出版社，1990：358.

此，在这里讲共同命运和共同性格未必行得通。荷兰人那里政治因素的作用还要更突出……①

农民民族和现代民族

人们往往把农民看作民族性的坚定可靠的保护者。奥托·鲍威尔则把农民看作不参加创造文化的民族的残余。这个矛盾表明农民的"民族性"根本不是能够建立现代民族的东西。虽然现代民族性曾来自农民民族性，但是，尽管如此，它们在实质上却是完全不同的……

斯洛文尼亚人和塞尔维亚人、俄罗斯人和卢西人将成为一个有共同的书面语言和文化的民族共同体，还是将成为两个民族，这必须并最终由实际的发展来决定。具有决定意义的不是语言，而是政治经济发展的过程……斯洛文尼亚民族只是随着现代资产阶级的产生而产生，现代资产阶级是被作为特殊的民族确定下来的；而农民只是在实际利益把他们同这个共同体联系在一起的时候，才成为它的一个组成部分。②

现代民族完全是资产阶级社会的产物：它们与商品生产的发展、特别是与资本主义的发展同时产生；民族的体现者或代表者是资产阶级。资产阶级生产及其商品流通要求有大的经济单位、要求有大的地域，并把这些地域内的居民结合成一个有

---

① 中共中央马克思恩格斯列宁斯大林著作编译局．列宁全集：第59卷［M］．北京：人民出版社，1990：358-359.
② 中共中央马克思恩格斯列宁斯大林著作编译局．列宁全集：第59卷［M］．北京：人民出版社，1990：359.

统一的国家管理机构的共同体。发达资本主义越来越加强中央国家政权；它把国家团结得更加紧密，并更强有力地把它同其他国家区别开来。国家是资产阶级的战斗组织。资产阶级的经济是建立在竞争、建立在反对同样的资产阶级的基础上的，因此它所参加的联盟必然互相进行斗争；国家政权越是强大，它许给自己的资产阶级的利益就越多。这些国家的国界因而主要是按语言的特征来确定；在这些条件下，操同源方言的地区，由于没有渗入其他力量，所以对政治上的联合感兴趣，因为政治的统一、新的命运共同体需要统一的语言作为交际手段。书面语言和交际语言是由某一种方言构成的，因此在一定程度上它是人工造成的语言。因为，正如奥托·鲍威尔所正确地说的，"我是同我保持最密切关系的人们一起为自己建立与他们共同使用的语言的"。这样就产生了民族国家，民族国家同时既是国家又是民族。它们成为政治上的统一体，不单单是因为它们已经是一个民族共同体；把人们牢固地联合成这么大的团体，其基础是新的经济利益、经济的必要性；但是，产生的正是这些国家而不是其他国家，例如不是南德意志和北法兰西一起，而是南德意志和北德意志一起建立了一个政治统一体，其原因主要在于方言最初同源。①

在一个民族国家的范围内，由于它的资本主义的发展和扩

---

① 中共中央马克思恩格斯列宁斯大林著作编译局.列宁全集：第59卷［M］.
北京：人民出版社，1990：359-360.

大而存在着各种阶级和部族，因此，到目前为止能否把这样的国家称之为命运共同体或性格共同体还有人怀疑，因为并不是他们全部（阶级和部族）都是相互直接发生影响的。但是，德意志的农民和大资本家、巴伐利亚人和奥尔登堡人的共同命运在于：他们都是德意志帝国的成员，在这些范围内他们必须要进行经济和政治斗争，承受同一种政治负担，对同样法律持明确的立场，因而彼此也就发生一定的影响；这样他们形成一个实际的共同体，尽管这个共同体的内部存在种种差别。①

在专制制度（王朝联合体）统治下产生的国家，情况就不同，这些国家没有资产阶级的直接协助，因此采取征服的办法把操极不相同的方言的部落纳入自己的范围。如果在这些国家里资本主义越深入广泛地发展，那么在一个国家的范围内就产生几个民族，而它也就成为一个多民族的国家，如奥地利……资产阶级社会各阶级同国家政权发生不断接触和冲突，因为国家政权迄今只承认德语是正式的交际语言，这不得不使这些阶级为争取承认自己的语言、争取自己的学校和争取公职位置而进行斗争，而且民族知识分子是直接有物质利害关系的阶级……②

---

① 中共中央马克思恩格斯列宁斯大林著作编译局．列宁全集：第 59 卷［M］．北京：人民出版社，1990：360.
② 中共中央马克思恩格斯列宁斯大林著作编译局．列宁全集：第 59 卷［M］．北京：人民出版社，1990：360.

凡是资本主义浸入和发展的地方，民族必然要作为资产阶级的命运共同体而产生。在这样的国家里民族斗争并不是由于有某种压迫或者落后的法制，而是竞争这个资产阶级经济基本条件的自然表现；相互斗争表示着不同民族的强烈独特性的意义和目的。①

人的精神世界和传统

民族首先是以共同语言做媒介的文化共同体；可以称为民族的精神本质的民族文化是民族生活的全部历史的反映。民族性格并不在于身体的特征，而在于它的历史地形成的习俗、观点和思想方式的总和……

马克思主义学说即历史唯物主义解释说，人的一切精神的东西都是他周围物质世界的产物。这整个现实世界借助于感觉器官从各个方面侵入人的精神世界并深深铭印在他心灵里：这就是我们的生活需要，我们的经验，我们所看到和听到的一切，别人作为自己的思想而告诉我们的一切，以及我们自己观察到的东西，因而不存在非现实的、仅仅想象的、超自然的世界的任何影响。一切精神的东西都来自外部世界，我们在这里称外部世界为物质世界——因而物质世界并不意味着由可以过秤的实物构成的世界，而是意味着一切实际存在着的东西，包括思想本身。但是理性在这里——如狭隘的机械观点有时所描

① 中共中央马克思恩格斯列宁斯大林著作编译局．列宁全集：第59卷［M］．北京：人民出版社，1990：361.

绘的那样——并不是一面反映外部世界的消极的镜子或收藏一切收集来的东西的死气沉沉的储藏室。精神世界是积极的、活动的，它把来自外部的一切东西改造成新的东西。至于它是怎样改造的，狄慈根说明得很清楚，像无尽头的、始终变化着的水流一样，外部世界绕过理性不断向前奔流，理性截住它的影响，把它们收集起来补充到自己过去所获得的东西中去，并把它们融合在一起。它把无数流动着的现象变为牢牢固定的概念，在这些概念中流动着的现实好像停止了、凝固了，它的暂时性消失了。在"鱼"的概念中只有许多对浮游生物观察到的现象，在"好"的概念中是对各种行动的无数关系，在"资本主义"概念中是经常充满最痛苦的经历的整个生活。每一个思想，任何一个信念，每一个观念，任何一个推论，例如，"冬天树木光秃秃""劳动是艰苦的""我的资本家是我的恩人""资本家是我的敌人""组织就是力量""为自己的民族而斗争好"——是一部分生物界的总结，是通过简短单调甚至可说是枯燥呆板的公式来表达的各种经验的总结。作为素材被集中在这种公式中的实践越多越充分，思想、信念就越有根据和牢固。但是每一项经验都是有限的，世界始终在改变自己的面貌，不断更新的实际认识在接近旧的认识，同旧观念相结合，或者同它们发生矛盾。这时人应当改变自己的观念，放弃某些观念，例如放弃资本家是恩人的观念；某些概念要赋予新的含义，例如从鱼的概念分出鲸的概念；对新的现象提出新的概念，例如帝国主义概念；找出概念与概念之间新的因果关系，例如从资本主义的本性引出劳动无法忍受；给有些概念以不同于以往的评价，例如民族斗争对工人有害；简言之，人应当不断地重新学习。人们的一切精神活动和一切发展就在于他们不断改变概念、观念、判断和原则，以便尽可能更紧密地把它们同越来越丰富的现实经验结合起来。在科学的发展过程中这一切都是自觉地进行的。[①]

这方面鲍威尔的定义起着比较好的作用。他说民族是我们自身的历史因素，民族性格是凝聚了的历史。共同的物质现实产生该共同体成员头脑中的共同思维。他们大家一起建立的经济统一体的特殊性质决定着他们的思想、习俗和观点；这一性质形成他们的相互依存和相互联系的观念体系，即他们共同的一种意识形态，并构成他们的物质生活状况的组成部分。共同的经历铭印在他们的精神世界中，如为争取自由反对外部敌人的共同斗争，国内的共同进行的阶级战斗。这种斗争和这些战斗已经写进了历史教科书，并作为民族的过去被传授给青年人。整个新兴资产阶级所追求、期待和渴望的东西曾受到诗人、作家和哲学家们的歌颂和明确的反映，而且这些思想通过文学的形式已成为民族的财富，作为民族的物质、生活经验的精神特征而留给子孙后代。人们彼此间经常不断的精神影响巩固和加强着这一切：从民族的单个成员的思维产生共同的、重

---

① 中共中央马克思恩格斯列宁斯大林著作编译局. 列宁全集：第59卷［M］. 北京：人民出版社，1990：361-362.

要的和有代表性的思维，人们彼此间经常不断的精神影响创造出民族的文化财富。民族的生动的精神世界，民族的文化是民族的共同的生活经验、它的作为经济统一体的物质存在的抽象概括。①

　　总之，人的一切精神的东西是实在的现实的产物，但不仅仅是当前现实的产物——一切过去的东西都比较持久地继续生活在这个精神世界中。精神世界对物质的态度是消极的——它不断地接受外部的影响，而同时又慢慢地把旧的东西忘却。因而，精神世界的内容只是逐渐地适应日新月异的实在的现实。当前和过去，这两个因素决定着它的内容，但是决定的方式不同。作为生动的现实不断地以同样的方式影响着精神世界的东西，越来越持久地强烈地铭印在精神世界中。而在当前的现实中已经找不到证实的东西，只有依靠过去的东西生存；过去的东西首先由于人们彼此间相互影响，在人为的教育和宣传下可以保持一个长时期，但是，一旦失去了它赖以生长的物质基础，它必然会衰落和枯萎。那时它便具有了传统性质。传统也是实际的现实的一部分，它存在于人们的头脑中，对其他人发生影响，因此常常具有大的甚至很大的力量。但是，它是精神界的实在现实，精神界的物质根源可以在过去的东西中找到。例如，今天的无产者头脑中的宗教成了纯传统性质的意识形

_____

① 中共中央马克思恩格斯列宁斯大林著作编译局. 列宁全集：第59卷［M］.
　　北京：人民出版社，1990：362-363.

206

态；它还可能非常有力地决定着这个无产者的行动，但是这种力量仅仅根植于过去，根植于宗教共同体对无产者的整个生活所起的比较早期的作用；在无产者当前的实在现实中，在它受资本的剥削中，在它反对资本的斗争中，宗教已经找不到自己的养料，因此宗教在无产者中正在日益衰亡。相反，由于当前的实在现实，阶级意识将日益有力地得到发展，它在无产者的精神世界中占有越来越多的地位，越来越决定着无产者的行动。①

上述情况还向我们的研究提出一项任务。历史形成了民族的独立性和特殊性。但同时它们还不是直接作为最后的事实要加以考虑的最终的东西，因为历史继续在向前发展，每天都在建立和改造过去所建立的东西。因而，把民族说成是我们自身的历史因素，是凝聚了的历史，那将是不够的。如果说它不过是凝聚了的历史，那么按其性质来说，它是类似宗教的纯粹传统的东西。但是对我们的实践、对我们的策略来说，最重要的是这样一个问题：民族是不是一个更大的问题。当然，任何情况下都必须把民族看作蕴藏在人心灵中非常巨大的精神力量；但是重大的差别在于：民族意识形态仅仅是作为过去的力量出现，还是在当今世界中也有它的根源。对我们来说最重要的和具有决定性的是这样一个问题：当前的现实怎样对民族和民族

---

① 中共中央马克思恩格斯列宁斯大林著作编译局. 列宁全集：第 59 卷 ［M］. 北京：人民出版社，1990：363–364.

的东西发生影响？现在它在什么意义上发生变化？这里所说的这种实在现实就是高度发达的资本主义及其无产阶级的阶级斗争。

因而，这里产生后来鲍威尔对待研究所持的立场。过去在社会民主党的理论和实践中，民族不起任何作用。这也没有任何原因；在大多数国家里为了进行阶级斗争，根本不需要注意民族因素。鲍威尔迫于奥地利的实际，纠正了这个缺点。他证明，民族不是某些文学家的想象或民族宣传的人为产物；他利用马克思主义的方法，指出民族的历史物质根源和以资本主义日益上升的发展来阐明民族观念的必然性和力量。这样，民族作为强有力的实在现实出现在我们面前，这个现实我们在自己的斗争中也应当加以考虑；民族为我们了解奥地利的现代史提供了一把钥匙，因此也必须对下列问题做出回答：民族，民族的东西是如何和用什么方式来影响阶级斗争的？在阶级斗争中对民族必须做怎样的估计？这是鲍威尔和其他奥地利马克思主义者著作的基础和主导思路。但是这样任务仅仅解决一半。因为民族不是一个单纯现成的现象。这种现象对阶级斗争的影响尚待研究。民族本身受现代力量的影响，而在这一系列力量中无产阶级的革命解放斗争越来越占据首要的位置。因此，相反，现在阶级斗争，无产阶级的奋起是怎样影响民族的？这个问题鲍威尔不曾研究或者研究得还不够充分；在许多情况下，这个问题的讨论导致做出与鲍威尔不同的判断和结论。①

最有力地决定着人的精神世界和本质的当前现实是资本主义。但是资本主义对共同生活着的人的影响是不一样的——对资本家和无产者来说，它是完全不同的东西。对资产阶级的阶级成员来说，资本主义是生产财富的世界和竞争的世界：生产过程保证资本家福利不断发展和资本大量增长，借此他力图在与自己一类的人的个人竞争中赢得尽可能多的好处，同时这些东西为他开辟了过豪华生活和享受高雅文化的道路。对工人来说，资本主义是持续不变的、无尽无休的奴役劳动，对生活始终没有信心、永远穷困的世界，在这个世界里，要获得比维持起码生活稍多一点的东西都没有希望。因此，资本主义对资产阶级的精神世界的影响完全不同于对被剥削阶级的精神世界的影响。民族是包括工人和资本家在内的经济统一体、劳动共同体。因为资本和劳动相互需要，而且必须联合起来，才能实现资本主义生产。但这一劳动共同体具有独特的性质；在这一共同体的范围内，资本和劳动是对立的两极；他们建立劳动共同体，就像猛兽和它们的牺牲品建立生活共同体那样。②

民族是由于共同的命运而产生的性格共同体。但是随着资

---

① 中共中央马克思恩格斯列宁斯大林著作编译局．列宁全集：第59卷［M］．北京：人民出版社，1990：364-365.

② 中共中央马克思恩格斯列宁斯大林著作编译局．列宁全集：第59卷［M］．北京：人民出版社，1990：365.

本主义的发展，同一民族的资产阶级和无产阶级之间越来越开始具有不同的命运。这里未必能再谈得到共同经历同一的命运。鲍威尔为了说明关于共同命运的思想，谈到"把英国工人同英国资产阶级联系起来的关系，这种联系是由于这两个阶级的人生活在同一个城市，看墙壁上的同一些招贴，读同一些报纸，参加同一些政治或体育活动，是由于工人和资产阶级的代表时常亲自相互交谈或者同充当资本家和工人的中间人的同一些人进行交谈"。但是，人们的"命运"不在于看墙壁上的一些招贴，而在于大量重要的生活经验，这种经验对两个阶级来说是完全不同的。每一个人都知道英国的一位大臣迪斯累里关于两个民族的名言，他说，我们当前社会中的两个民族虽共同生活在同一个国家里，但彼此却不了解。这一名言无非说明某种命运共同体已经不再把两个阶级结合在一起。①

当然，对这一名言不应该从字面上按现在的意义去理解。因为比较早期的命运共同体仍在现存的性格共同体里继续起作用。只要无产者还没有明确地认识到自己的特殊的生活经验，只要他的阶级意识几乎或者还完全没有觉醒，他仍旧是传统思维的俘虏，在精神方面依靠资产阶级的垃圾过活，并同资产阶级一起建立某种文化共同体——当然是类似厨房的仆人同自己的主人建立饭桌旁的共同体。这种精神共同体在英国由于它的

---

① 中共中央马克思恩格斯列宁斯大林著作编译局. 列宁全集：第59卷［M］.
　 北京：人民出版社，1990：365-366.

特殊的历史仍然很强，而在德国则非常弱。凡是资本主义在年轻的民族中向上发展的地方，工人阶级的精神世界就处在比较早期的小资产阶级和农民时期的传统的统治之下。因此，两个阶级的性格共同体只能逐渐地、随着在新的、两极对立的生活内容条件下阶级意识的觉醒和阶级斗争的发展而日益消失。①

不言而喻，他们之间还仍然保持着联系和关系。但是这些联系和关系越来越成为工厂制度下的命令和派工单，对此，正如使用外国工人所证明的，已经不需要共同的语言了。工人们越是认清自己的处境、认清剥削和越是频繁地为改善劳动条件同企业主进行斗争，两个阶级的联系和关系就越充满敌对和斗争。在这种情况下，他们之间如同为自己的边界而进行不断斗争的两个民族一样，很少有共同性。工人们越是认识到历史发展的规律，认清社会主义是他们斗争的必然目标，他们就越是把资本家阶级的统治看作异己的统治。这就是说关于性格共同体的概念正在彻底消失。②

鲍威尔把民族性格看作"意向的差别"，看作"同一动因引起不同的运动，同一外部形势导致不同的决定"。能否设想一种比资产阶级和无产阶级的意向更对立的东西？一提到1848

① 中共中央马克思恩格斯列宁斯大林著作编译局 . 列宁全集：第59卷［M］.
北京：人民出版社，1990：366.
② 中共中央马克思恩格斯列宁斯大林著作编译局 . 列宁全集：第59卷［M］.
北京：人民出版社，1990：366.

年，俾斯麦、拉萨尔的名字在德国工人和德国资产阶级中引起的感觉不仅不同，而且完全对立。属于德意志民族的德意志帝国工人，对德意志帝国几乎一切东西的评价与资产阶级的评价不同并且相对立。所有其他的阶级一致狂热地力图建立自己的民族国家对外的威严和实力——无产阶级则反对为达到这一目的服务的一切措施。资产阶级说，进行反对其他国家的战争，目的是增强自己的力量——无产阶级则考虑如何阻止战争，或者如何从本国政府的失败中找到自身解放的可能性。①

捷克民族作为与德意志民族相对立的特殊共同体究竟是由什么建立的？捷克民族极端缺乏共同命运的内容，也就是说极端缺乏实际上仍在起作用，并决定着民族性格的共同感觉。它的文化内容几乎完全是从比较老的现代民族，即首先是德意志人那里沿袭来的……在独特的语言基础上，自己的"民族文化"究竟如何能够从中产生的呢？它的产生，是因为资产阶级需要瓜分，想要划定明确的疆界，希望并渴求被确认是个与德意志人相对立的民族。它要这样做，因为这是它的需要，因为资本主义竞争迫使它尽可能多地为自己垄断一定的销售和剥削的地盘。凡是具备建立民族所需的一个必要条件即独特的语言的地方，同其他资本家利益对立就会建立民族。从鲍威尔和伦纳对民族产生过程的出色的叙述中，首先可以清楚地看到，正

① 中共中央马克思恩格斯列宁斯大林著作编译局. 列宁全集：第59卷［M］. 北京：人民出版社，1990：366-367.

是新兴资产阶级的意志是建立民族的力量。当然这里说的意愿不是指意识的愿望或任意而言，而是指同时能够起到经济因素的必然的即必要的作用的那种愿望。政治斗争中所说的、为对国家施加影响、争夺国家权力而彼此斗争的"民族"（鲍威尔，19），无非是各资产阶级——小资产阶级、资产阶级、知识界，也就是靠竞争生存的阶级的组织，而无产者和农民扮演下等奴仆（hintersassen）的角色。①

无产阶级同各资产阶级的这种竞争需要以及同它们的建立民族的愿望毫无共同之点。对无产阶级来说，民族并不意味着享有拥有买主、担任公职的特权或取得工作的可能性。资本家从一开始通过进口外国工人就向无产阶级说明了这一点。指出资本主义的这种实际情况与其说是揭露民族的虚伪性，倒不如说首先是要使工人们相信：对于他们来说在资本主义统治下民族不可能意味着存在劳动的垄断。作为例外，只有在落后工人中，例如在老的美国工会工人中，才能听到要求限制外来移民的呼声。当然，有时候民族的东西也可能对无产阶级有某些作用。当资本主义刚渗入农民地区的时候，那时工厂主属于资本主义比较发展的民族，而由这些地区的农民出身的工人属于另一个民族。那时民族感情可能成为工人认识自己利益的共同性及其与外国资本家对立的第一个手段。民族对抗是这里阶级对

---

① 中共中央马克思恩格斯列宁斯大林著作编译局. 列宁全集：第 59 卷 [M].
　 北京：人民出版社，1990：367.

立的原始形式——就像在莱茵—威斯特伐利亚在"文化斗争"时期天主教工人和自由派工厂主之间的宗教信仰上的对抗是阶级对立的原始形式一样。但是当民族的发展达到产生从事剥削的民族资产阶级的时候，这种无产阶级的民族主义就丧失自己的根基。在争取改善生活条件、争取精神发展、争取文化和人类生存的斗争中，工人的凶恶敌人是本民族中的其他阶级，而讲其他语言的工人同志按阶级来说是他们的朋友和助手。阶级斗争在无产阶级中形成族际的共同利益。因而，对无产阶级来说，在和其他民族的关系上谈不上确定自己是一个民族的愿望，即谈不上以无产阶级的经济利益和物质生活状况为依据的愿望。①

文化共同体

但是，鲍威尔认为在阶级斗争中有另一种力量，这种力量对无产阶级来说作为一种建立民族的力量在起作用。他认为这种力量不在于阶级斗争的经济内容，而在于它对文化的影响。他把现代工人阶级的政治说成是渐进的民族政治，这种政治力图在事实上把全体人民变为一个民族。根据鲍威尔的意见，这应当意味着这样一种东西，它超越于那种用民族主义语言反映我们的目的，并使这些目的为受民族的意识形态所束缚而还没有明白社会主义的伟大世界革命意义的工人所接受的简单通俗

---

① 中共中央马克思恩格斯列宁斯大林著作编译局. 列宁全集：第 59 卷［M］. 北京：人民出版社，1990：367-368.

的方法。因此鲍威尔补充说："由于无产阶级必须进行斗争以掌握它用劳动创造的和由于它的劳动才有可能获得的文化财富，所以这种政治的必然结果就是号召全体人民参加建立民族的文化共同体，从而在实际上把全体人民变为一个民族。"①

初看起来这似乎完全正确。只要工人还深受资本主义剥削的压迫，只要工人还死于物质上的贫困，还无望地、缺乏精神生活地无聊地活着，他们就分享不到由他们的劳动创造的那种资产阶级文化生活。他们几乎不属于民族，他们像畜圈中的牲口。他们仅仅是民族的所有物，仅仅是民族的下等奴仆。阶级斗争唤醒工人走向生活，他们在为自己争取自由时间和较高的工资，从而他们也在为自己争取精神方面发展的机会。社会主义激发起他们的毅力，促使他们的精神世界的发展；他们开始阅读，先是阅读社会主义小册子和政治报纸，但很快，他们热切希望和要求想进一步充实自己的精神世界，这便推动他们拿起文学作品、历史著作和自然科学著作；管教育工作的党的委员会特别热心于努力使他们甚至对古典文学感兴趣。这样他们就进入本民族资产阶级的文化共同体。工人现在在繁重劳动之后的可怜的自由时间内只有通过艰苦的努力才能享受到这种文化中的一点点残羹；相反，在社会主义下，工人摆脱了无穷尽的劳动的痛苦，可以自由地和无阻碍地沿着这一精神发展的道

① 中共中央马克思恩格斯列宁斯大林著作编译局.列宁全集：第59卷［M］.
北京：人民出版社，1990：368-369.

路前进；只有那个时候，工人才能掌握整个民族文化和真正成
为民族的一员。①

　　但是这样考察问题忽视了一个重要的因素，即工人和资产
阶级之间的文化共同体只能是在表面上，即只能是在外部形式
上和暂时地存在。工人可以部分地阅读资产阶级阅读的那些
书，那些古典作品和那些自然科学方面的书籍；但是，尽管如
此，根据这个原因，不可能产生任何文化共同体；工人在这些
著作中读到的是和资产阶级完全不同的东西，因为他们思维的
基础，他们的世界观是根本不同的。正如我们在上面已经指出
的，民族文化不是悬在空中的；它是阶级生活的物质史的表
现，阶级的发展建立了民族。在席勒和歌德的作品中反映的不
是关于美好事物的抽象幻想，而是年轻的资产阶级的情感和理
想，它对自由和对人权保障的向往，它观察世界和世界问题的
特殊方式。一个有阶级觉悟的工人在今天怀有另一种情感、另
一种理想和另一种世界观。如果他读到退尔的个人主义或人的
存在于天上的永恒的、不可剥夺的权利的话，那么表现在这方
面的精神世界就不是他的精神世界；他的精神世界由于对社会
的比较深刻的理解而变得成熟了，并且这个工人知道，只有把
群众组织起来才能为他们争得人权。工人对过去的文学的美并
不是无动于衷的，但是正是由于自己对历史的理解，他能够理

---

　　① 中共中央马克思恩格斯列宁斯大林著作编译局 . 列宁全集：第 59 卷 ［M］.
北京：人民出版社，1990：369.

解以往几代人的理想，并且从这些代人的经济中引出这些理想；他和他们一起感觉到这些理想的力量，因而也理解最充分反映这些理想的那些作品的美。因为充分包括和描绘普遍的、本质的、最深刻的现实内容的东西是美好的。同时在革命的资产阶级的情感中有许多东西引起工人的强烈反响；但是，在工人中得到反应的东西，在现代资产阶级那里恰恰得不到反应……①

　　决定观念的最本质的精神内容、德国社会民主党人的实际文化，不是在席勒和歌德的著作中而是在马克思和恩格斯的著作中有着自己的根基。而这种把历史的和未来社会的明确的社会主义观点、无阶级的自由人类的社会主义理想和无产阶级的、一切人共同的道德联合在一起的文化，即在一切本质的特点方面直接与资产阶级文化对立的文化，是族际文化。尽管不同的人民有不同色彩的文化——就像无产者的世界观由于生活状况和经济形式的不同而具有不同的性质一样——尽管民族以前的特殊历史仍然对它发生强有力的影响。首先是在阶级斗争不太发达的条件下，尽管这样，这一文化的这种本质的内容到处都是一样……

　　社会主义文化是反对整个资产阶级世界的斗争的产物……

　　总之，认为工人们通过自己的斗争加入更高的"民族文化

---

①　中共中央马克思恩格斯列宁斯大林著作编译局. 列宁全集：第 59 卷 [M].
　　北京：人民出版社，1990：369-370.

共同体"是不对的。无产阶级的政治，阶级斗争的族际政治在无产阶级队伍里建立起新的族际的社会主义文化。①

阶级斗争共同体

鲍威尔拿阶级与作为命运共同体的民族相比较，在阶级中命运的同类（gleichartigkeit）产生一样的性格特点。但是，工人阶级不单单是具有一样的命运因而也具有一样的性格的人们的集团。阶级斗争把无产阶级锻造成一个命运共同体。共同经历的命运——这是反对同一个敌人的共同的斗争……

这里只有一种差别——语言的差别具有某种意义；每个人都必须用他自己的语言来进行一切解释，提出一切建议和报告。在美国最近几次大罢工（例如麦克—基斯—罗克斯的铸钢厂或劳伦斯的纺织工业中）期间，罢工者代表了许多不同的民族，如法兰西人、意大利人、波兰人、土耳其人、叙利亚人等，他们按语言特征联合成各个分部；这些分部的委员会总是在一起同时用各自的语言把建议通知每一个分部，从而保持整体的统一；这证明多么需要实现真正密切的无产阶级的斗争共同体，尽管有因语言的不同所造成的困难。在这种情况下希望把由生活和斗争、由实际利益结合在一起的东西在组织上分开，就像分离主义所希望的那样，那是非常违反实际的，即使成功了也只能是暂时的。

① 中共中央马克思恩格斯列宁斯大林著作编译局. 列宁全集：第59卷［M］. 北京：人民出版社，1990：370.

但这不仅仅对同一工厂的工人来说是正确的。为了能成功地进行斗争，全国的工人应当联合成一个工会，这个工会的全体会员把任何一个地方小组的进展都看作自己斗争的成功……

就是对政治斗争来说也同样是正确的。马克思和恩格斯的《共产党宣言》关于这一点是这样说的："如果不就内容而就形式来说，无产阶级反对资产阶级的斗争首先是民族范围内的斗争。每一个国家的无产阶级当然首先应该打倒本国的资产阶级。"很显然，在这一意见中"民族"一词不是在奥地利对这个词的使用含义上来使用的，而是由于西欧的条件产生的，在那里"民族"和"国家"是作为同义词来使用的。马克思和恩格斯的这一论点只不过说明：英国的工人不可能进行反对法国资产阶级的阶级斗争，而法国的工人也不可能进行反对英国资产阶级的阶级斗争；英国的资产阶级和英国的国家政权只能由英国的无产阶级去冲击和消灭。在奥地利，国家和民族是两个不同的构成体……①

未来国家中的民族

社会主义生产方式不会如资产阶级生产方式那样导致民族之间的对立利益的发展。经济的统一体不是国家或民族，而是整个世界。这种社会主义生产方式超越这样一种生产方式，即通过相互关系和国际协议的英明政策把各民族生产单位联合成

---

① 中共中央马克思恩格斯列宁斯大林著作编译局．列宁全集：第59卷［M］．北京：人民出版社，1990：370-371．

一个整体，如鲍威尔在自己的书第 519 页上所描绘的那样。社会主义生产方式把世界生产组织成一个统一的整体，这是全人类共同的事业。在这一世界共同体的范围内（它的原则现在已经构成无产阶级的国际主义内容），谈论德意志民族的自治，如同谈巴伐利亚、布拉格市或波尔蒂赫特的自治一样，都不大可能。一切地方都局部地调节自己本身的事，而一切地方即整体的各个部分又取决于整体。自治这个概念总的说产生于资本主义时代，在这个时代，统治的关系也引起自己的对立面——摆脱一定的统治……①

民族的变迁

对无产阶级来说民族的东西只具有传统的意义；民族的东西的根基正在成为过去，而在无产阶级生存的现实条件下，民族的东西没有养料［培养基］。因而，对无产阶级来说民族情况和宗教情况相类似。当然，除了这种相似以外，还必须注意到差别。宗教对抗的物质根源正在成为遥远的过去并且现在活着的人几乎都不知道；因此，这些对抗本身完全脱离一切物质利益，成为超自然问题上的纯粹抽象的分歧。相反，民族对抗的物质根源就在我们跟前，在我们不断与之接触的现代资产阶级世界里……

总之，我们的研究使我们得出与鲍威尔的观点完全不同的

---

① 中共中央马克思恩格斯列宁斯大林著作编译局. 列宁全集：第 59 卷［M］.
北京：人民出版社，1990：371-372.

观点。鲍威尔与资产阶级民族主义相对立，认为民族不断变迁，不断产生新的形式和新的性格；例如，德意志民族在历史上不断以新的形式出现，从古代日耳曼人起到它在社会主义社会的未来成员止。不过，尽管这些形式不断变化，但民族本身依然保存；一定的民族可能灭亡，或者相反，可能产生，但民族一般始终是人类的基本组织形式。根据我们研究的结果，相反，民族只是人类发展史上暂时的和过渡的组织形式，是相互取代或同时并存的许多组织形式（部落、民族、世界性帝国、宗教团体和教会、村社、国家）之一。其中，具有独特性的民族实际上是资产阶级社会的产物，而且它随着资产阶级社会的消失而消失……

在鲍威尔看来，民族是"始终发展着的过程的永无完结的产物"，在我们看来，民族是人类进步发展的没有穷尽的过程中的一个片段。在鲍威尔看来，民族是人类始终保存着的基本因素；他的理论是从民族的角度来考察人类的整个历史。经济形式的变化，阶级的产生和灭亡，这一切（民族变迁的实质）都是在民族的范围内进行的。民族仍然是原始的，阶级及其变化只是赋予它以一切新的内容。因此，鲍威尔还用民族主义语言来表达社会主义的思想和目的，并且在其他人谈人民和人类的地方谈民族：由于劳动资料私有制，"民族"掌握不了自己的命运；"民族"不是自觉地这样做的；资本家在决定"民族"的命运；未来的"民族"将自己安排自己的命运；上面我们已经举了"民族作坊"的例子。由此可见，他到了这种地步：把两种对立的政治趋势——面向未来的社会主义政治和力图保持当前经济制度的资本主义政治——看作进步的民族政治和保守的民族政治。同样，根据上述对比，也许可以把社会主义看作进步的资本主义政治……

我们对鲍威尔的观点的批评常常集中在什么问题上？集中在对精神力量和物质力量的不同评价上。他把自己的理论建立在精神的不可摧毁的力量之上，建立在作为独立力量的意识形态之上，而我们始终强调它取决于经济条件。鲍威尔不止一次地以康德哲学的追随者身份出现并自称为康德主义者这个事实，同这种背离马克思主义唯物主义的行为有着非常自然的联系……①

我们对待民族问题也采取同样的办法。社会民主党的民族自治纲领就是这方面的实际的解决办法，它能使民族之间的斗争变得空洞。由于实行人员原则（personal prinzip）取代地域原则，民族被承认是组织，这些组织在国家范围内负责关心民族共同体的一切文化利益。因此每个民族有权独立调解自己的事情，即使它是少数；任何一个民族都不必为竞向国家施加影响而一再地争夺和保持这种权力。这样就可以为完全停止各民族的权力斗争做好准备，这种权力斗争因无休止地妨碍议事而使整个议会生活瘫痪和难于对社会问题做任何研究。当资产阶

---

① 中共中央马克思恩格斯列宁斯大林著作编译局．列宁全集：第59卷［M］．北京：人民出版社，1990：372-373.

级政党盲目地相互大吵大闹、没有前进一步，而且面对如何寻找摆脱混乱的出路问题束手无策时，社会民主党指明了实际的道路，指明需要用什么方式实现公正的民族愿望而不使彼此遭受任何危害。①

《马克思主义和民族问题》

【综合导读】

该书是斯大林的一部重要著作，创作于 1912 年至 1913 年。该书批判了民族主义和部分社会民主党人在民族问题上的机会主义观点，阐述了马克思主义关于民族、民族国家和多民族国家的起源与实质的理论；论述了无产阶级及其政党在解决民族问题时应遵循的纲领、政策和基本原则。该著作从"共同体"视角对"民族"下了一个定义，即"民族是人们在历史上形成的一个有共同语言、共同地域、共同经济生活以及表现于共同文化上的共同心理素质的稳定的共同体"，并从共同语言、共同地域、共同经济生活、共同心理素质等方面对民族共同体进行了系统论述。

---

① 中共中央马克思恩格斯列宁斯大林著作编译局. 列宁全集：第 59 卷 ［M］.
北京：人民出版社，1990：379-380.

【论述摘编】

民族是什么呢？

民族首先是一个共同体，是由人们组成的确定的共同体。

这个共同体不是种族的，也不是部落的。现今的意大利民族是由罗马人、日耳曼人、伊特拉斯坎人、希腊人、阿拉伯人等组成的。法兰西民族是由高卢人、罗马人、不列颠人、日耳曼人等组成的。英吉利民族、德意志民族等也是如此，都是由不同的种族和部落的人们组成的。

总之，民族不是种族的共同体，也不是部落的共同体，而是历史上形成的人们的共同体。①

另一方面，居鲁士帝国或亚历山大帝国虽然是历史上形成的，是由不同的部落和种族组成的，但无疑地不能称为民族。这不是民族，而是偶然凑合起来的、内部缺少联系的集团的混合物，其分合是依某一征服者的胜败为转移的。

总之，民族不是偶然的、昙花一现的混合物，而是由人们组成的稳定的共同体。②

然而并非任何一个稳定的共同体都是民族。奥国和俄国也

---

① 中共中央马克思恩格斯列宁斯大林著作编译局 . 斯大林全集：第 2 卷［M］.
北京：人民出版社，1953：291.
② 中共中央马克思恩格斯列宁斯大林著作编译局 . 斯大林全集：第 2 卷［M］.
北京：人民出版社，1953：291-292.

是稳定的共同体，但是谁也不称它们为民族。民族的共同体和国家的共同体有什么区别呢？其中一个区别是民族的共同体非有共同的语言不可，国家却不一定要有共同的语言。奥国境内的捷克民族和俄国境内的波兰民族不能没有各该民族的共同的语言，而奥国和俄国内部有许多种语言的事实并不妨碍这两个国家的完整。当然，这里所指的是民众的口头语言，而不是官场的文牍语言。

总之，共同的语言是民族的特征之一。①

当然不是说不同的民族无论在何时何地都操着不同的语言，也不是说凡操着同一语言的人们一定是一个民族。每个民族都有共同的语言，但不同的民族不一定要有不同的语言！没有一个民族会同时操着几种不同的语言，但并不是说不能有两个民族操着同一语言！英吉利人和北美利坚人操着同一语言，但他们毕竟不是一个民族。挪威人和丹麦人，英吉利人和爱尔兰人也是如此。

但是，像英吉利人和北美利坚人虽然有共同的语言，却不是一个民族，这是什么道理呢？

首先因为他们不是生活在一起，而是生活在不同的地域上。只有经过长期不断的交往，经过人们世世代代的共同生活，民族才能形成起来。而长期的共同生活又非有共同的地域

---

① 中共中央马克思恩格斯列宁斯大林著作编译局．斯大林全集：第 2 卷［M］．北京：人民出版社，1953：292.

不可。从前英吉利人和美利坚人居住在一个地域上，即居住在英国，所以当时是一个民族。后来一部分英吉利人从英国迁移到新的地域，迁移到美洲，于是在这个新的地域上逐渐形成了新的民族，即北美利坚民族。由于有不同的地域，结果就形成了不同的民族。

总之，共同的地域是民族的特征之一。①

但这还不够。单有共同的地域还不能形成民族。要形成民族，除此以外，还需要有内部的经济联系来把本民族中各部分结合为一个整体。英国和北美利坚之间没有这种联系，所以它们是两个不同的民族。但是，假如北美各地未因彼此分工、交通发达等而连成一个经济上的整体，那么北美利坚人本身也就不配叫作民族。

就拿格鲁吉亚人来说吧。改革时期（注：指格鲁吉亚废除农奴制的农民改革以前的时期。格鲁吉亚各地废除农奴制的时间不一致：梯弗利斯省在 1864 年，依麦列梯亚和古里亚在 1865 年，明格列里亚和列奇胡姆县在 1866 年，阿布哈兹在 1870 年，斯瓦涅季亚在 1871 年）以前的格鲁吉亚人虽然生活在共同的地域上，操着同一语言，可是严格说来，他们当时还不是一个民族，因为他们被分割成许多彼此隔离的公国，未能过共同的经济生活，长期互相混战，彼此破坏，往往假借波斯

---

① 中共中央马克思恩格斯列宁斯大林著作编译局．斯大林全集：第 2 卷［M］．北京：人民出版社，1953：292-293．

人和土耳其人的手来自相残杀。虽然有时某个侥幸成功的皇帝也曾勉强把各个公国统一起来，然而这种昙花一现的偶然的统一，至多也只是表面的行政上的统一，很快就因王侯跋扈和农民漠视而分崩离析了。而且在格鲁吉亚经济分散的情况下，也不能不这样……直到 19 世纪后半期格鲁吉亚才成为民族，因为当时农奴制度的崩溃和国内经济生活的发展，交通的发达和资本主义的产生，使格鲁吉亚各个区域之间实行了分工，彻底打破了各个公国在经济上的闭关自守状态，而把这些公国连成一个整体。

其他一切度过了封建制度阶段并发展了资本主义的民族也是如此。

总之，共同的经济生活、经济上的联系是民族的特征之一。①

但这还不够。除了上面所说的一切，还必须注意到结合成一个民族的人们在精神形态上的特点。各个民族之所以不同，不仅在于它们的生活条件不同，而且在于表现在民族文化特点上的精神形态不同。英吉利人、北美利坚人和爱尔兰人虽然操着同一种语言，但终究是三个不同的民族，他们历代因生存条件不同而形成的特殊的心理素质，在这一点上是起了不小的作用的。

---

① 中共中央马克思恩格斯列宁斯大林著作编译局. 斯大林全集：第 2 卷 ［M］. 北京：人民出版社，1953：293-294.

当然，心理素质本身，或者像人们所说的"民族性格"本身，在旁观者看来是一种不可捉摸的东西，但它既然表现在一个民族的共同文化的特点上，它就是可以捉摸而不应忽视的东西了。

不用说，"民族性格"不是一成不变的，而是随着生活条件变化的，但它既然存在于每个一定的时期内，它就要在民族面貌上打上自己的烙印。

总之，表现在共同文化上的共同心理素质是民族的特征之一。①

这样，我们就说完了民族的一切特征。

民族是人们在历史上形成的一个有共同语言、共同地域、共同经济生活以及表现于共同文化上的共同心理素质的稳定的共同体。

同时，不言而喻，民族也和任何历史现象一样，是受变化法则支配的，它有自己的历史，有自己的始末。②

必须着重指出，把上述任何一个特征单独拿来作为民族的定义都是不够的。不仅如此，这些特征只要缺少一个，民族就不成其为民族。

---

① 中共中央马克思恩格斯列宁斯大林著作编译局. 斯大林全集：第 2 卷［M］. 北京：人民出版社，1953：294.
② 中共中央马克思恩格斯列宁斯大林著作编译局. 斯大林全集：第 2 卷［M］. 北京：人民出版社，1953：294.

假定有一些人具有共同的"民族性格",但是他们在经济上彼此隔离,生活在不同的地域,操着不同的语言等,那么还是不能说他们是一个民族。例如俄国的、加里西亚的、美国的、格鲁吉亚的和高加索山区的犹太人就是如此,在我们看来,他们并不是统一的民族。

假定有一些人具有共同的地域和共同的经济生活,但是他们没有共同的语言和共同的"民族性格",那么他们仍然不是一个民族。例如波罗的海沿岸边区的日耳曼人和拉脱维亚人就是如此。

最后,挪威人和丹麦人虽然操着同一语言,可是由于缺少其他特征,他们也就不是一个民族。

只有一切特征都具备时才算是一个民族。①

也许有人会觉得"民族性格"不是民族的特征之一,而是民族的唯一本质的特征,其他一切特征其实都是民族发展的条件,而不是民族的特征。例如有名的奥国社会民主党的民族问题理论家石普林格尔,特别是鲍威尔,就持有这样的观点。

现在我们就来考察一下他们的民族理论吧。

在石普林格尔看来,"民族是思想相同和语言相同的人们的联盟"。民族是"由一群现代人组成的、和'地域'无关的文化共同体"。

---

① 中共中央马克思恩格斯列宁斯大林著作编译局.斯大林全集:第2卷［M］.北京:人民出版社,1953:295.

总之，就是思想相同和语言相同的人们的"联盟"，不管他们彼此怎样隔离，不管他们住在什么地方。①

鲍威尔却扯得更远了。

他问道："什么是民族呢？它是不是那种把人们联合为民族的语言共同体呢？英吉利人和爱尔兰人……操着同一语言，却不是统一的民族；犹太人并没有共同的语言，却是一个民族。"

那么，民族究竟是什么呢？

"民族就是相对的性格共同体。"

然而性格（这里讲的是民族性格）又是什么呢？

民族性格是"一个族人区别于另一个族人的种种特征的总和，是一个民族区别于另一个民族的生理特质和精神特质的总和"。

鲍威尔当然知道民族性格不是从天上掉下来的，因此他补充说：

"人们的性格无非是由他们的命运决定的"……"民族无非是命运的共同体"，而共同的命运又是"由人们生产自己的生活资料或分配自己的劳动产品时所处的情况决定的"。

于是，我们就得出如鲍威尔所说的最"完备的"民族的定义了。

"民族就是那些在共同命运的基础上形成了共同性格的人

---

① 中共中央马克思恩格斯列宁斯大林著作编译局．斯大林全集：第2卷［M］．北京：人民出版社，1953：295-296.

们的全部总和。"

总之，就是在共同命运的基础上形成的共同的民族性格，并不一定和共同的地域、语言以及经济生活相联系。①

这样一来，试问民族还剩下什么东西呢？经济上彼此隔离、生活在不同的地域、世世代代都操着不同语言的人们，还谈得上什么民族共同体呢？

鲍威尔说犹太人是个民族，虽然"他们并没有共同的语言"，可是，例如格鲁吉亚的、达格斯坦的、俄国的和美国的犹太人，既然彼此完全隔绝，生活在不同的地域，并且操着不同的语言，他们还谈得上什么"共同命运"和民族联系呢？

这些犹太人无疑地和格鲁吉亚人、达格斯坦人、俄罗斯人以及美利坚人过着共同的经济生活和政治生活，受着共同文化的熏陶，这就不能不给他们的民族性格打上烙印；如果他们中间还有什么相同之处，那就是宗教、共同的起源和民族性格的某些残余。这一切是用不着怀疑的。可是，怎么能认真地说，僵化的宗教仪式和日渐磨灭的心理残余会比这些犹太人所处的活的社会经济和文化的环境更强烈地影响到他们的"命运"呢？要知道，只有在这样的假定下，才可以说犹太人一般的是个统一的民族。②

---

① 中共中央马克思恩格斯列宁斯大林著作编译局. 斯大林全集：第2卷［M］. 北京：人民出版社，1953：296-297.

② 中共中央马克思恩格斯列宁斯大林著作编译局. 斯大林全集：第2卷［M］. 北京：人民出版社，1953：297-298.

那么，鲍威尔的所谓民族和唯灵论者的所谓神秘的独立自主的"民族精神"又有什么区别呢？

鲍威尔在民族"特点"（民族性格）和民族生活"条件"之间划了一条不可逾越的界限，把它们彼此隔离开来。然而民族性格如果不是生活条件的反映，不是从周围环境得来的印象的结晶，那又是什么呢？怎能仅限于民族性格而把它和它所由产生的根源割断分开呢？①

其次，在18世纪末和19世纪初，当北美还叫作"新英吉利"的时候，英吉利民族和北美利坚民族究竟有什么区别呢？当然不是民族性格上的区别，因为北美利坚人是从英国迁移过去的，他们带到美洲去的除英吉利语言以外，还有英吉利的民族性格，虽然他们在新环境的影响下大概已开始形成自己特有的性格，但他们当然不会很快就丧失其英吉利的民族性格。当时他们和英吉利人在性格上虽然还有或多或少的共同点，但他们毕竟已经是和英吉利民族不同的一个民族了！显然，当时"新英吉利"民族不同于英吉利民族的地方并不是特别的民族性格，或者与其说是特别的民族性格，倒不如说是和英吉利民族不同的特别环境和生活条件。

由此可见，实际上并没有什么唯一的民族特征，而只有各种特征的总和。在把各个民族拿来做比较的时候，显得比较突

---

① 中共中央马克思恩格斯列宁斯大林著作编译局. 斯大林全集：第2卷［M］. 北京：人民出版社，1953：298.

出的有时是这个特征（民族性格），有时是那个特征（语言），有时又是另一个特征（地域、经济条件）。民族是由所有这些特征结合而成的。①

　　鲍威尔把民族和民族性格看成一个东西，这样就使民族脱离了它的根基，把它变成了不见形迹的独立自在的力量。结果就不是有生命的活动着的民族，而是一种神秘的、不可捉摸的、非人世的东西。试问——我重说一遍——像格鲁吉亚的、达格斯坦的、俄国的、美国的和其他地方的犹太人，彼此语言不通（他们操着不同的语言），生活在地球上不同的地方，从来不能见面，无论和平时期或战争时期都不会共同行动，这算什么犹太民族呢?!

　　不，社会民主党不是为这种纸上的"民族"制定自己的民族纲领的。它只能承认那些活动着的、运动着的、因而使人们不能不承认的真正的民族。

　　鲍威尔显然把民族这一历史范畴和部落这一人种志范畴混淆起来了。②

　　不过，鲍威尔本人大概也觉得自己的立论是有弱点的。他在自己那本书的开头虽然坚决地说犹太人是一个民族，但他在

① 中共中央马克思恩格斯列宁斯大林著作编译局．斯大林全集：第2卷［M］．北京：人民出版社，1953：298.
② 中共中央马克思恩格斯列宁斯大林著作编译局．斯大林全集：第2卷［M］．北京：人民出版社，1953：299.

该书末尾就自行修正，肯定说"资本主义社会根本就不让他们（犹太人）保全为一个民族"而使他们受其他民族的同化。其所以如此，原来是"犹太人没有单独的居住地区"，例如捷克人却有这样的地区，因此，鲍威尔认为捷克人一定能保全为一个民族。简言之，原因就在于没有地域。

鲍威尔如此推论，原想证明民族自治不能成为犹太工人的要求，他这样一来却无意中驳倒了他自己那种否认共同的地域是民族特征之一的理论。①

可是鲍威尔扯得很远。他在自己那本书的开头坚决地说："犹太人并没有共同的语言，却是一个民族。"可是他刚刚写到第一百三十页就改变了阵线而同样坚决地说："无疑地，没有共同的语言，就不可能有什么民族。"

鲍威尔在这里原想证明"语言是人类交际最重要的工具"，但他同时无意中证明了他不想证明的东西，证明了自己那种否认共同语言的意义的民族理论是站不住脚的。

用唯心论的针线缝成的理论就这样不攻自破了。②

---

① 中共中央马克思恩格斯列宁斯大林著作编译局 . 斯大林全集：第 2 卷 ［M］. 北京：人民出版社，1953：299-300.
② 中共中央马克思恩格斯列宁斯大林著作编译局 . 斯大林全集：第 2 卷 ［M］. 北京：人民出版社，1953：300.

后 记

　　2014 年 9 月，习近平总书记在中央民族工作会议暨国务院第六次全国民族团结进步表彰大会上的重要讲话中指出："加强中华民族大团结，长远和根本的是增强文化认同，建设各民族共有精神家园，积极培养中华民族共同体意识。"在党的十九大报告中，习近平总书记再次强调，要"铸牢中华民族共同体意识，加强各民族交往交流交融，促进各民族像石榴籽一样紧紧抱在一起，共同团结奋斗、共同繁荣发展"。在 2021 年中央民族工作会议上，习近平总书记提出："必须以铸牢中华民族共同体意识为新时代党的民族工作的主线。"铸牢中华民族共同体意识是新时代党的民族工作和民族地区各项工作的主线。铸牢中华民族共同体意识是维护各民族根本利益的必然要求，是实现中华民族伟大复兴的必然要求，只有铸牢中华民族共同体意识，才能有效应对实现中华民族伟大复兴过程中民族领域可能发生的风险挑战，才能为党和国家兴旺发达、长治久安提供重要思想保证。学界积极响应党中央和习近平总书记的

235

号召，积极为党和人民述学立论、建言献策，关于铸牢中华民族共同体意识的学术成果如雨后春笋不断涌现，增长迅猛，该领域已成为学界研究的重点、热点。

本书旨在通过对马克思主义经典作家关于共同体论述的系统梳理，为学界研究铸牢中华民族共同体意识提供基础性资料，有利于对马克思主义民族观的再认识，有利于完整准确理解马克思主义民族理论和马克思主义共同体理论。本书由隋霖老师、王刚博士对马克思主义经典作家著作，根据新的原则进行系统选编、校对和完善；导读部分主要由隋霖和李海林完成，最终汇编而成此书。此外，田晓华、余效慧、邢璐瑶、钟万鑫和游瑶等老师和研究生对整理和校对也做了大量工作。囿于专业水平和研究视野，本书对马克思主义经典作家共同体论述的梳理，难免有所遗漏和不当之处，比如未能对"共同体""联合体"的德文、俄文、英文出处进行一一校对、核实，以及对翻译的准确性进行考究，希望以后能有机会弥补上述种种不足。

最后，感谢学校对马克思主义理论学科的重视，本书出版受西南民族大学"双一流"建设专项引导资金资助（项目编号：MKS2023040），也是马克思主义理论博士点培育学科系列成果之一。与此同时，感谢光明日报出版社的工作人员为本书的顺利出版付出辛苦劳动，感谢刘松涛教授的宝贵意见。

李海林

2024 年 6 月